不會切蛋糕的犯罪少年

ケーキの切れない非行少年たち

宮口幸治

Koji Miyaguchi

推薦序

すいせんのじょ

不會切蛋糕的犯罪少年

ケーキの切れない非行少年たち

推薦序

國立臺灣大學法律學院教授／李茂生

數年前，某矯正學校遭逢一個特殊案例：一位特殊教育少年，屢次犯罪而被少年法庭裁定感化教育並收容至矯正學校，他無法適應封閉式環境，易怒，且與他人衝突不斷。有天在中央臺，挑釁其他班級同學而遭到圍毆的群體暴動事件發生後，監察委員留意到矯正學校沒有特殊教育資源。在多方努力下，企業家捐贈特殊教育專用教室、地方政府提供巡迴的特殊教育師資，數個月後，該生終於擁有與他人溝通的正常反應。這是特殊教育進入矯正學校的第一步，在此之前，我們只提供了一般教育與補習教育的資源而已。

這種特教生，雖然不是唯一，但整體而言數量應該不多。那麼對於其他的矯正學校少年，我們是否提供普通的教育資源即可？此事件發生之前，該矯正學校曾出現集體用餐的餐廳集團互毆事件，法務部的反應是下令禁止在餐廳集團用餐，改成分別於舍房用餐的方式，企圖防止類似事件的發生。但是學生們在其他場合的集團鬥毆事件仍然層出不窮，當局除了懲戒相關人員外，僅能採取精神講話與局部隔離的策略，企圖阻止這種會讓教育現場崩壞的氛圍。

法務部與矯正學校的這種態度，暗暗指出這些桀驁不馴的孩子，除了以物理力隔離外，別無他法予以矯治，而精神訓話、生活教導，也只是盡個人事而已。在成人的眼中，對於已經給予機會但卻無法確實掌握這個機會的孩子，僅能放棄，讓他離校；等待成人，司法自然會將之關到監獄中，繼續其悲慘的人生之途。

一九九七年成立兩所矯正學校時，依法規定，教育部應該負起指導教育的職責，卻從未參與也並未提供任何教育資源。多年後因緣際會，教育部被迫開始參與矯正學校裡的教育事務，並且展開一連串矯正學校學生的學力檢測。結果發現收容於矯正學校裡的犯罪少年，其學歷與學力根本不相互吻合。也就是說這些犯罪少年縱然有一定的學歷，但事實上根本沒有在學校中習得任何相符的學力。事後國教署所採行的策略則是設計一套評鑑標準，利用定期的訪視加強學校的一般教育功能。換句話說，國教署認為不會寫字？多練習寫字即可；不會算術？多做練習題即可。但是這會有用嗎？

這項調查已經表明一個事實，這些司法少年學力不足，而本書則是傳遞另一個訊息，亦即少年們並不是不喜歡讀書，而是不會讀書。視覺障礙與聽覺障礙導致認知能力介於臨界點的少年們，無法獲得應有的臨摹、想像的能力，進而失去社交能力，無法理解他人反應的社會意義且產生誤解後，某些少年舉動觸犯《刑法》，而進入少年院（矯正學校）。這些並不屬於特教生的少年們，通常從小二就會展現徵兆，但是一般教育體系只認為這些少年頑劣、不喜歡讀書而已。對於這些少年，只是一味地訓誡要其反省改善是沒有用的。從一開始，他們就無法理解包含成人在內的人們話語或行動的意義。要改善他們的狀況，必須走一條與以往不同的路線。

二〇一五年去世的立命館大學教授岡本茂樹寫過幾本極具啟發性的書，例如《教出殺人犯》（原文應該是：我是想養出好孩子，怎料卻成了犯罪人）與《逼孩子反省會讓他成為罪犯》，氏主張不應強求孩子反省，而該教導他學習信賴與仰賴他人，逼迫反省只會讓孩子邁向地獄。岡本教授逝世後，本書作者進入立命館大學任教，某種意義下，作者認為必須承繼岡本教授的遺志，繼續探討如何讓孩子健全成長的議題。作者承繼了什麼，繼續發展了怎樣的論述，其實在本書中已經表明得非常清楚。不要逼孩子反省，是因為孩子根本沒有基本的智能去理解人際關係，也沒有能力去反省，重點應該置於如何讓孩子增強認知能力，而不是在基本功都沒練過的情形下，要求其反省、改過。本書的最後一章，作者簡潔地整理出每天早自習花五分鐘訓練，即可增強少年認知能力的方法。少年有了正常的認知能力，我們才可能繼續援助其健全成長。看似簡單，其實必須經過長期的觀察、研究後，才能得到確證。

司法改革國是會議第五組曾經建議成立「少年矯正教育研究中心」，然而無法得到大會的認可，足證司法改革國是會議大會某層面上的短視。作者的這本書於去年（編按：二〇一九年）七月出版，瞬間火紅。或許書名取為《不會切蛋糕的犯罪少年》有點誇大其詞，少年們不是不會切，而是不會均等地切蛋糕，再者論述跳來跳去，讀者必須花一點時間進行後續的整理與理解；但是正如本書於最終所建議：「讓罪犯轉變為納稅人」，才是真正的司法投資。投資一點資源，發展正確的矯正教育內容與技能，真的有這麼難嗎？

或許這件事情在臺灣真的很困難。基於不理解，進而採取排除或翦除策略的另一個對象就是思覺失調症。早期發病後，縱然用藥，也會因為無病識感而停藥，復發後情況更加嚴重，在幻聽幻覺下犯下大錯。最近的思覺失調症患者殺害鐵路警察案，重點不在於《刑法》第十九條的精神鑑定與對於責任能力的法官認定，嘉義地院的判決已經表達得非常清楚（雖然民眾不會去看），更不在於是否要將監護處分改成長期或不定期（例如反世界潮流的司法精神病院的建設）。重點應該在於犯案前後我們社會對這類的病患提供了多少的資源，強制用藥與長期拘禁只是整體社會不欲理解患者，僅想將其排除於社會外的道具而已。可惜的是，臺灣社會現今只會質疑精神鑑定，如果質疑不成則利用保安處分長期監禁病患而已。

比起其他國家，臺灣相對而言已經較為安全，但不管是街頭聚眾鬥毆、性侵或是殺人，每一件都造成非常大的個人與社會損失。不要和我說等到你也被害時再來說嘴。在不願意投入資源健全整體的知能狀況與精神健康狀態的臺灣，我當然也會怕，也想求安全。問題是讓我害怕的，不僅是這些因知能不足或精神疾病而侵犯他人的人們，更讓我疑懼的是不欲解決問題的臺灣政府與民眾，這種現況讓我排斥所有異於我的人，讓我的人性墮落。

推薦序

前臺灣兒童青少年精神醫學會理事長（第三屆）、
前臺北榮民總醫院精神醫學部部主任、
前臺北榮民總醫院兒童青少年精神科主任／陳映雪

生命的活動，大腦功能的重要性是無與倫比。二次世界大戰後，科技的創新多少為我們打開一些大腦的奧祕，其中神經發展學與神經心理學的研究讓我們對大腦的認知功能有突破性的認識。在高齡化的臺灣，大家對「老年失智症」的名稱耳熟能詳，它就是老年的大腦認知障礙。

倘若認知功能障礙發生在兒童青少年，我們不叫它「失智症」，醫學診斷為「智能不足」，個案到發病時仍然在大腦發展的過程當中，但其認知功能相較於同年齡者低落很多，且因認知功能低落，連帶在學習、人際溝通、社會互動、工作上遇到各種生活適應的困擾。兒童青少年階段還有一種大腦發展性的認知功能障礙，個案智能基本上是正常，但在閱讀或數學或書寫有各種程度的障礙，導致生活各面向無法適應，臨床上診斷為「特定性學習障礙症」。

現實生活中，中度或重度以上的智能不足患者，因障礙嚴重，有明顯的肢體或語言異常的現象，容易被察覺。然而本書的主角們是輕度或臨界智能不足患者，或學習障礙症患者，外表正常甚至可愛，人際溝通也無明顯問題，除非父母老師很敏感，否則多數個案潛在的障礙往往未被察覺，很不幸的，日積月累錯過可以介入與教導的機緣，長期下來，如滾雪球般產生許多障礙，作者將日後可能續發的障礙稱為「四次障礙」，可見影響廣大深遠。也因此「及早察覺，及早介入」的重要，不言而喻。在臺相關工作人員一直都很期待兒青個案能像「老年失智症」患者一樣，得到更多大眾的關注。

《不會切蛋糕的犯罪少年》書中，所謂「不會切蛋糕」指的是不會等分分配蛋糕的認知障礙，不是不會切蛋糕的動作問題。大腦認知功能含括內容極為多樣與繁複，由簡而繁，各個環環相扣，其中統合視聽知覺、理解、詮釋、判斷、計畫、執行、檢討反省，以及情緒調控的執行功能是最高端的一環，這些出了狀況，當然生活中經常犯錯，一些個案也容易受環境影響步入歧途，涉入犯罪。這些個案的經歷與心路歷程，成為本書的靈魂，經由作者細膩的觀察與描述，殷切盼望大眾可以了解有些犯罪青少年的成因，他們表面的憤怒或衝動行為，不只是低自尊或心情低落，不只是仇視心態，不只是環境誘惑，也不只是父母或師長教導無方，而是還有少為人了解與探索的大腦認知功能障礙。這種理解是何其重要，否則，即使再多的介入也彷彿緣木求魚，未打入核心，不易見效。作者在書中提供協助的方法，希望能對個案了解與介入，減少後續的犯罪，增進他們的生活適應。

日本與臺灣的文化社會極為相近，書中的案例與介入也很貼近臺灣的現實狀況，頗具實用性。尤其作者強調從「社會」「學習」「身體」三方面介入，使用「認知功能強化訓練」來改善。書中雖以犯罪青少年為主軸，但有許多臨界智商、輕度智能不足、學習障礙症個案，並未產生犯罪，防微杜漸，他們需要獲得協助，很適合這類個案的父母、老師、醫療人員參閱。

本書作者是日本資深兒童精神科醫師，對兒童心智發展與兒童精神醫療有深厚的底子，加上在日本醫療少年院輔導發展障礙的犯罪兒童青少年經驗豐碩，尤其從大腦神經心理的角度闡述，經由案例介紹當今醫療與教育界的侷限、如何察覺評估，並創新提出強化認知功能的訓練與可能成效，在兒童精神醫療界堪稱寥若晨星。

推薦序

桃園少年之家執行長、牧師／張進益

作者敘述遇見認知障礙孩子的過程，我深深有所同感，尤其在安置機構或我早年長期於少年觀護所認輔的孩子，他們對家的認知、對社會友善的認知，甚至對識字、算術的認知，都讓我十分驚嚇。十四、五歲的孩子不識字，時有所見，而且比例不少。如同作者所述，對於「行政院長是誰？」「總統是誰？」等問題不知情的孩子，更不在少數。我也十分認同作者提出對讚美教育的質疑，讚美教育究竟是迴避問題？還是增強優點？這也是我長期觀察所感同身受的。

作者將非行少年歸納為五大特徵加一，確實分類得有其道理，對於輔導非行少年的確有所助益，尤其對實務工作者很有幫助。其中，作者提到不知變通是非行少年的特徵之一，而我所接觸的孩子確實有如此現象，甚至用頑固來比喻也不為過。他們以自我為中心，自行運用自我認知的邏輯，甚至與常理違背也自認有理。

書中提到，藥物治療似乎成為解決非行少年最後的特效藥，現今的臺灣社會似乎也是如此，尤其這些年來，非行少年使用藥物治療的比例逐年增加，這是一種迷失，也是一種莫可奈何的模式。作者在文字中表達對於用藥的謹慎，讓我感受到一位精神科醫師的醫德。

書中闡述從智商、認知、心理、教育等層面的輔導，過程中強調要觀察非行少年真正的癥結，這需要時間、需要陪伴，與其說學習認知，不如說重新讓少年練習。尤其臺灣於去年（編按：二〇一九年）修正《少年事件處理法》，排除十二歲以下兒童進入司法系統，這考驗著臺灣教育界與社會政策的輔導能力。

推薦大家看完此書，發覺身邊正處於被誤解的孩子們，因您對這類孩子的認知，及時拉他一把；或因您的見解，提供更寬廣的眼界，無形中您會拉拔許多這樣的孩子。若您已經是一位參與輔導或陪伴孩子的專業人士，這本書會重新燃起助人的動力。我用很快的時間看完這本書，腦海中迴盪著過去兒少時期的種種回憶，因為我也如書中所云，曾經是一個被誤解的迷惘孩子。成人僵化的刻板印象，會使我們逃避這類孩子，甚至排斥他們。懇請您買下這本書，給這類孩子機會，幫助他們改變，相對也預防許多犯罪與傷人傷己的事。

讓我們透過這本書，給這類孩子一個擁抱吧！祝福您！

推薦序

陶璽特殊教育工作室創辦人／曲智鑛

閱讀《不會切蛋糕的犯罪少年》這本書時，喚起我大學時期修習情緒行為問題教材教法課程的記憶。有一堂課，鄭麗月教授帶領全班去桃園少年輔育院（編按：以下簡稱少輔院）參訪學習。當時老師不斷提醒我們：

「當你理解這些孩子犯錯的原因，會發現裡面有許多『我們的孩子』。」

當初感觸沒有那樣深刻，一直到真正進入教職，開始從事學生輔導工作後才對老師當年的提醒有真實的體會。

這些年，我和不少曾進出少輔院的孩子相遇，大多數孩子的確擁有本書提到的「特質」。直到今日，我仍相信每個人都渴望被認同，每個人都可能會壞掉，但有些人卻沒有機會變好。不是他們不想變好，而是沒有機會變好。與這些孩子實際相處後發現，他們不是壞，只是沒有人真正懂他們。先天特質加上後天環境的影響，使得犯罪似乎變成不得已的選擇。這樣說並不代表要將孩子的錯誤合理化，我也不認為特殊教育需求可以成為孩子犯罪的藉口。但是這群孩子大多無法適應一般教育和學校生活，因此出現偏差行為，進入少輔院之後依舊無人理解。

本書真實舉出這些孩子的特徵（編按：以下引自本書）：

- **【認知功能不全】**憑藉所見所聞進而推想的能力薄弱。
- **【無法控制情緒】**拙於控制情緒，容易發怒。
- **【不知變通】**想到什麼就做什麼，不擅長應付意料之外的情況。
- **【自我評價錯誤】**不了解自己的問題點，過度自信或缺乏自信。

・**【缺乏社交技巧】**拙於溝通。

不僅如此，這群孩子還可能不會算術也看不懂國字、不會制訂計畫也不懂設想後果、表達情感的詞彙很少。他們在學校是失敗者，進入矯正機構後只是一味被要求「反省」自己的罪行，但他們可能連怎麼反省都有困難。

書中提到（編按：以下引自本書）：

1次障礙：障礙本身。

2次障礙：周遭的人缺乏障礙相關知識，無法獲得學校等處的援助。

3次障礙：成為非行少年進入少年院依舊無法獲得諒解，由於指導嚴格而情況惡化。

4次障礙：出社會後更無法獲得諒解，又受到歧視，工作無法持續而再度出現偏差行為。

如果這樣的障礙推論是被接受的，那也代表我們的環境和體制需要承擔非常大的責任。學校教育必須對有特殊教育需求的孩子與相關教學輔導策略有更完整的理解。

本書作者在非行少年身上學到真正的兒童教育，認為共通點是要幫助孩子「發現自我」與「提升自我評價」，此點與我從事教育輔導工作的經驗相符。二〇一九年，我曾出版《曲老師的情緒素養課》一書，明確指出「社會與情緒學習」（social and emotional learning）是所有孩子的必修課。協助非行少年時，要更有意識地培養他們的基礎學習能力、建立自信、形塑自我價值，社會與情緒學習是需要刻意練習的。

前言

まえがき

不會切蛋糕的犯罪少年

ケーキの切れない非行少年たち

前言

我原本是精神科醫師，一開始在大阪的公立精神科醫院擔任兒童精神科醫師，之後進入少年院[01]擔任法務技官[02]；二〇一六年來到目前任教的立命館大學，主要負責臨床心理相關課程。

當年，我在門診與病房診療了許多發展障礙、遭受虐待、拒絕上學、正值青春期的兒童，該所醫院的規模在關西屬於醫學中心等級，自然會接觸到各類病例。以發展障礙的門診為例，從申請到初診要排上四年才看得到醫師，病患人數多到醫院幾乎無法發揮作用。除了診斷兒童之外，我也曾經鑑定犯下殺人等滔天大罪的成年犯與少年犯的精神狀態，工作充滿挑戰。

當時，我定期前往某所設施看診，並提供發展障礙相關諮詢，因此接觸到一名發展障礙的少年。他的偏差行為是渴望碰觸女性或女童的身體，所以屢屢前往這些人聚集的地點，尋找下手的對象。遇上這名少年，大幅轉換了我的人生方向。

我把北美地區根據「認知行為治療」而制訂的性侵防治工作手冊翻成日文，在該所設施使用這本效果可期的工作手冊，持續治療少年；同時也請這位少年來看門診，處方藥物以抑制累積於心中的各種壓力。

所謂認知行為治療是，藉由矯正扭曲的想法以增進適當的行為、想法、情感，減少偏差行為，具有改善社交技巧等效果，在心理治療領域成果豐碩。

例如：甲向乙打招呼，乙沒有回答，甲因而勃然大怒，認為「乙故意無視我，討厭我」，之後找乙的麻煩或忽視乙。認知行為治療的目的是促使甲改變想法，例如「可能是我打招呼太小聲，乙沒聽到」或「乙可能想事情想得太專心而沒聽到」。如此一來，甲或許會覺得「上次是我太小聲，這次大聲點打招呼」而再度向

01　少年院：類似臺灣的少年輔育院，臺灣的少年輔育院現已改制為矯正學校。

02　法務技官：隸屬法務省（類似臺灣的法務部）的專業技術人員。

乙打招呼。倘若乙有所反應，甲便會發現之前以為「乙故意無視我，討厭我」，其實是自己的想法扭曲所致，自然而然開始採取適當的行為，打招呼等社交技巧也會有所改善。

藉由改善想法以採取適當行為的認知行為治療，也是治療性侵犯的基本做法。性侵犯可能對性懷抱扭曲的想法（女性其實都希望遭到侵犯），對人際關係抱持「所有人都是敵人」「大家都躲著我」「我這個人沒有價值」等攻擊性的想法或被害妄想而犯下罪行。認知行為治療的目的在於轉變扭曲的想法，改善其偏差行為。我用在該名少年身上的工作手冊正是這套辦法。

少年每次結束治療時都表示已經明白自己錯在哪裡，來看門診時也反覆誠心宣稱日後不會再犯。我屢屢以為已經矯正成功，他卻又重蹈覆轍——好幾次在回診前又出現性方面的偏差行為。為何矯正失敗，我百思不得其解。之後才終於明白，智能障礙導致他的認知功能不全，所以基本上從未正確了解工作手冊的意義。認知行為治療的前提是「認知功能沒有問題」，從未證明該療法用在認知功能不全者身上是否生效。那麼，認知功能有問題的究竟是什麼樣的兒童呢？其實就是「發展障礙」或是「智能障礙」的兒童。換句話說，認知行為治療用在這群孩子身上，可能無法獲得預期的效果。實際上，第一線人員不知該如何應對的也是同一群孩童。

究竟該怎麼做才能真正幫到這群孩子呢？一般社會大眾以為醫院是最後一道防線，其實醫師也無法提供正確答案。針對屢屢出現相同偏差行為的發展障礙少年和智能障礙少年，唯一的解決辦法只有治標的處方藥物，缺乏治本的療法。

我深感院方能力有限，每日悶悶不樂。另外，工作時協助鑑定發展障礙少年犯的精神狀態，深深明白這些犯下殺人或殺人未遂的少年究竟有何問題與其犯罪背景，卻絲毫不知該如何給予具體的援助。我實在不認為處方藥物以外的個別面談、認知行為治療、職能治療能發揮效果，卻也想不出其他辦法。日本國內找不到鑽研此類療法的醫師與醫療機構。當我一步步搜尋資料，發現三重縣一所專門收容這群發展障礙和智能障礙的非行少年矯正機構——「醫療少年院」。

發展障礙兒童或智能障礙兒童的家長與老師等相關人士，最不希望這些孩子淪落到進少年院。他們原本應該在庇護下成長茁壯，卻成為傷害他人的加害人，不得不進入矯正機構。這種結果正是所謂「教育失敗」。我心想，倘若進入大家認為是「最糟下場」的矯正機構，或許能找到一些援助這群兒童的線索，於是我辭去原本的精神科醫院，抱著姑且一試的心態前往醫療少年院。

任職於公立精神科醫院的兒童精神科時，我自認對於兒童與青少年具備一定程度的了解，然而來到醫療少年院才發現自己原來是井底之蛙。

同樣是發展障礙，醫療少年院的少年所面對的問題與我之前在醫院看診的情況大相逕庭。事實上，能到醫院就診的兒童與青少年是較為幸福的一群人。當中雖然也有受虐兒，至少身邊有監護人或相關人士能帶他們到醫院。實際情況是，許多兒童往往有問題也不曾就診，沒有人發現他們其實需要特殊教育。他們在學校遭遇霸凌或出現行為偏差，最後成為非行少年，進而遭到警方逮捕並送到少年鑑別所[03]，這才發現「這個孩子其實是智能障礙（或是發展障礙）」。這種現況也意味著當前的特殊教育等學校教育並未發揮功效。
　我也想了解收容非行少女的女子少年院，離開醫療少年院之後前往女子少年院任職一年。女子少年院與醫療少年院的問題部分重疊，卻也不盡相同。本書主旨並非探討偏差行為的男女差異，書中提出的問題性質與解決辦法不因性別而有所不同，因此略過性別差異，不予討論。此外，本書列舉的例子包括女子少年院的案例。日本的矯正機構也以少年稱呼女孩，因此統一使用「少年」一詞。我根據自己在少年院的所見所聞，說明這群孩子的特徵，提出協助更生與預防的方案。
　書中內容主要源自我在醫療少年院的工作經驗。目前全日本共有五十所少年院，並非所有少年院都收容發展障礙或智能障礙的非行少年。然而加上我在女子少年院工作的經驗與來自其他少年院的資訊，我發現過往任職的醫療少年院中的少年並非特例。本書描寫的非行少年特徵，同樣適用於其他少年院的眾多少年。

03 少年鑑別所：類似臺灣的少年觀護所。

目次

もくじ

もくじ

目次

第2章　犯下殺人罪的少年說：「我很溫柔。」

「僕はやさしい人間です」と答える殺人少年

第3章 非行少年的共通點

非行少年に共通する特徴

第4章 無人注意的兒童

気づかれない子どもたち

第5章 遭到遺忘的一群人

忘れられた人々

第6章　單憑讚美無法解決任何問題

褒める教育だけでは問題は解決しない

第7章 究竟該如何解決？——1天5分鐘就能改變日本社會

ではどうすれば？1日5分で日本を変える

後記

第1章

「連反省都不懂」的孩子

「反省以前」の子どもたち

不會切蛋糕的犯罪少年

ケーキの切れない非行少年たち

「殘暴到誰都管不了」的少年真面目

如同〈前言〉所述，我從二〇〇九年起成為法務省[04]矯正局[05]的職員，以法務技官的身分於醫療少年院與女子少年院分別任職六年和一年多。目前我依舊以兼任的身分於醫療少年院工作，所以已經在此待了十年以上。醫療少年院收容的是特別需要費心照顧的發展障礙與智能障礙少年，可以說是少年院的特殊教育版。全日本一共有三所這樣的少年院，收容的少年所犯下的罪行從竊盜、恐嚇、暴力、傷害、強制猥褻到殺人放火，應有盡有。

我任職的醫療少年院所收容的發展障礙少年和智能障礙少年，幾乎是各類罪犯齊聚一堂。一開始我覺得這群在鐵欄杆後方的少年非常可怕。然而仔細觀察便能發現他們的表情其實非常平和溫柔，當我經過時還很有精神地向我打招呼，一點也不陰沉恐怖。

剛上任時，我負責診療的是全院最麻煩的少年。

少年院中的「問題少年」與校園裡的「問題學生」完全是天壤之別。該名少年因為暴力與傷害事件而進入醫療少年院，在院中也屢屢動粗，絲毫不聽從教官指令，進出個人房好幾次。一點小事就能惹得他勃然大怒，亂丟椅子和桌子，連強化玻璃都被砸出裂痕。只要他一動粗，馬上警報聲大作，全院五十名職員統統衝進來制止他。這位少年遭到壓制後被關進沒有洗手間的個人房，直到安分下來才能出來。這種情況每星期會上演二次。

我在看診之前聽到這些資訊，因此膽戰心驚地接觸他。然而實際走進診間的，卻是一名個子嬌小纖細、面無表情、沉默寡言的少年，完全一掃兇暴粗壯的印象。面談過程中，他對於我提出的所有問題一律回答是或不是，有時還因為無法

04 法務省：類似臺灣的法務部。

05 矯正局：類似臺灣的矯正署。

理解問題而反問我。

這樣一路面談下來，我發覺對話進展實在太慢，於是把之前在醫院看診時經常使用的「複雜圖形測驗」（Rey-Osterrieth Complex Figure test, ROCF）拿出來讓他試試。複雜圖形測驗是一種神經心理學測驗，通常用在失智症患者，或拿來確認兒童的視知覺功能與臨摹能力；測驗方式是看著類似圖1-1的複雜圖形，照樣畫在紙上。

出乎我意料，他認真地完成測驗。測驗結果卻令我大吃一驚——圖1-2是他默默奮鬥的成果。

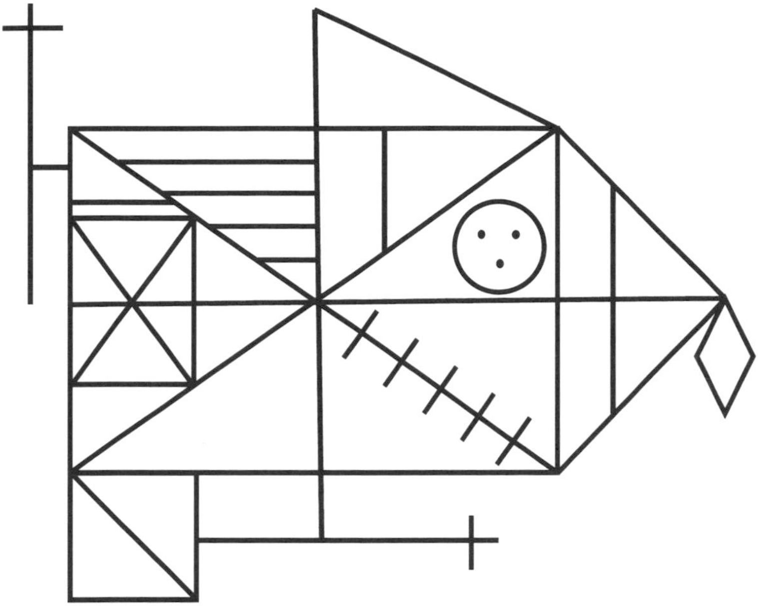

圖 1-1　複雜圖形

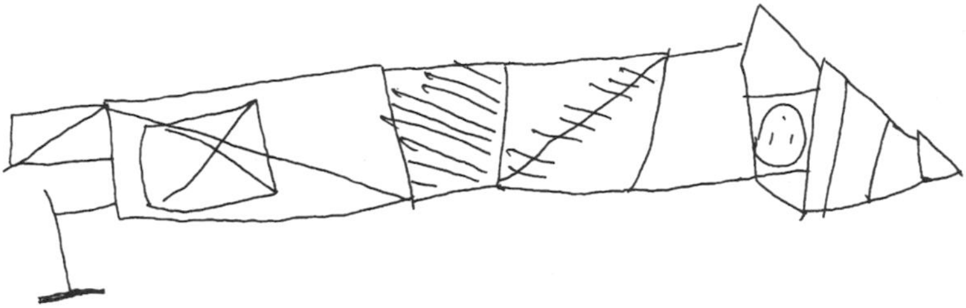

圖 1-2　少年臨摹的圖形

無法正確認識周遭所有事物？

當時目睹的衝擊依舊烙印在腦海中，完全顛覆我之前對於發展障礙與智能障礙的印象。

我曾經拿圖1－2給其他人看，對方只淡淡地說：「這個人不擅長臨摹抄寫。」結論的確如此，但實際情況並非如此單純。畫出圖1－2的是一名造成多人負傷、犯下重罪的少年。他把複雜圖形扭曲成這副模樣，代表他可能無法正確認識周遭所有事物。

倘若視知覺功能與聽知覺功能如此薄弱，代表他可能幾乎聽不懂，或聽了也無法正確理解我們這些大人說的話。

「這或許就是造成他行為偏差的原因？」

我直覺這麼認為，同時也立刻想到他之前的人生是多麼辛苦。換句話說，不想點辦法一定無法更生成功。

我馬上把圖1－2拿給少年院的教官等幹部看，所有人都瞠目結舌，其中一名幹部甚至表示：「這再怎麼說教也沒用，以後不要再長篇大論教訓他了。」所有人立刻有共識是好事，然而令我驚訝的是，居然連資深教官都沒發現他其實有發展障礙的問題。難道他們長期以來都沒有發覺，認為他就只是「不認真」「沒幹勁」而一路指導過來的嗎？難怪這名少年的行為會愈來愈偏差。我甚至開始覺得，那些犯下滔天大罪的少年重刑犯中，其實不少人應該都有相同的問題吧？既然如此，成年犯或許也是如此。

這番話並不代表社會大眾就應當無條件原諒身心障礙的少年犯，而是必須檢討原本應該受到協助的這群少年為何會淪為重刑犯。

我至今面談過許多非行少年，多數少年重刑犯都無法說明自己犯案的理由。所謂更生是，當事人必須面對自己的偏差行為、思考被害人所受到的傷害，進而自我察覺和反省。但是，這群少年打從根本就缺乏這些能力。換句話說，他們連怎麼反省都不懂。被害人要是發現他們連反省都不會，想必也很不甘心吧！

這群少年小時候幾乎沒上過醫院。就算對他們的監護人和成長環境睜一隻眼閉一隻眼，狀況都稱不上好。這樣的監護人自然不會發現小孩有發展上的問題（不擅長臨摹圖形、不會念書、缺乏社交技巧），也不會帶他們去看醫生。能接受診療的兒童多半家庭情況穩定，家長也有心早期帶孩子上醫院。

相較之下，非行少年往往都是遭到警方逮捕，事件進入司法程序後才第一次接受診療。一般的精神科醫院不會見到這些少年。

透過面談與測驗發現的真相

醫療少年院對於新來的少年都會進行二小時的面談，面談內容多半是詢問犯罪理由和對被害人的想法，我逐漸發現這些問題對於更生其實沒什麼幫助。閱讀這群少年的調查報告，他們從小到入院前的偏差行為罄竹難書。我剛上任時，也以為院裡淨是兇暴的少年，隨時可能挨揍，總是提心吊膽。實際接觸後卻發現他們十分和藹可親，有些少年甚至會令人覺得：這樣的好孩子怎麼會進入少年院呢？

但最令我驚訝的是，許多少年做不到以下幾件事：

・簡單的加減法。
・認國字。

・臨摹簡單的圖形。
・複誦短文。

他們的視知覺功能、聽知覺功能，以及想像力都非常薄弱，不僅不擅長念書，還經常聽錯話、無法判斷情況而造成人際關係失敗、遭到霸凌等等。這些情況進而引發他們出現偏差行為。

除此之外，這群少年明明已經是高中生了，卻不會背九九乘法、動作笨拙、無法控制力道，拿出日本地圖要他們指出自己住在哪裡竟然回答不出來。大部分的人都知道北海道，可是指著九州問他們是哪裡，部分少年居然回答：「那裡是國外，是中國。」最誇張的是看著日本地圖說：「這是什麼圖形？我從來沒看過。」問他們現在的總理大臣是誰，沒幾個人說得出來是安倍晉三，不然就是思考一會兒告訴我：「老師，我知道了，是歐巴馬（當時的美國總統）。」問他們最不擅長什麼事，大家異口同聲表示是**「念書」**與**「跟人交談」**。

教師從未注意到的學童真相

這群少年院裡的少年，當初在學校裡究竟過著什麼樣的日子呢？實際調查他們的成長過程，可以發現許多共通點：多半從小學二年級開始跟不上學校課程、被同學當作笨蛋、遭到排擠與霸凌；而學校老師誤以為他們只是上課不認真、不愛念書的麻煩孩子；在家中的情況則是遭受父母虐待等等。在種種困境下，他們慢慢開始逃學，出現暴力行為或順手牽羊等偏差行為。然而校方只當他們是「問題兒童」，幾乎從未發現他們可能是「臨界智能障礙」（介於正常與智能障礙之間，有時需要協助）或是智能障礙。

等到這群孩子上了國中，已經成為脫韁的野馬，進而犯下罪行，造成他人受害，最後遭到警方逮捕。直到關進少年鑑別所，才終於發現原來他們是智能障礙或是發展障礙。

醫療少年院請這群少年以折線圖呈現自己從小到大的成長經過。Y軸上方寫好事，下方寫壞事；X軸代表時間。

其中一名少年在小學二年級到四年級時，上學經常遲到又順手牽羊；小學五年級遇到非常熱心的老師，覺得「念書很有趣」「上學好開心」。一個會順手牽羊的孩子居然說出上學和念書很快樂這種話，相信那位老師教他時一定很有成就感。然而他的人生到了國中時期便急速墜入谷底，屢屢上學遲到、蹺課、做壞事被抓，最後進入少年院。

為什麼上了國中就一落千丈呢？我實際詢問他所獲得的答案是：

「上了國中，課都跟不上，可是沒人願意教我。我聽不懂老師講課的內容，覺得學校很無聊，所以開始蹺課和做壞事。」

總而言之，如果該名少年的國中老師發現他有發展障礙或智能障礙，並且熱心指導，或許就不會出現偏差行為，也不會有人受害了。這個案例告訴我們課業輔導也是預防偏差行為的重要手段。

冰凍三尺非一日之寒。從呱呱墜地到淪為非行少年，其實一路上有跡可循。即使成長的各個階段曾經出現許多人伸出援手，然而援助過程遭遇挫折，最後這群大家都拿他們沒辦法的孩子的下場，就是進入少年院，也是「教育失敗」的例子之一。

讚美教育無法解決問題

此外，這些學校老師都沒注意到需要援助的孩子畢業之後會面臨哪些問題。在校時至少還有機會獲得教師關心，出了社會就再也無人留意了。成為社會人士，意味著必須從事比學校要求更嚴苛的工作。於是他們在工作時犯錯，受到責罵，心生厭惡而辭職，每一份工作都做不久，甚至因為人際關係失敗而成為繭居族。他們從不覺得自己「有問題」，因此不會主動求援，社會大眾也忘記這群人的存在。最糟的情況是犯罪坐牢。實際上，部分受刑人正是在學時與出社會後都缺乏關懷的這群人。

預防這種情況發生，必須早期發現、早期援助。一般而言，多半是在小學低年級開始出現徵兆，必須於此時發現異狀與提供協助。

然而此時又發生新的課題——發現問題之後該如何解決？

目前的援助方式偏向「尋找優點加以稱讚」和「增加自信」。每一個兒童各有所長，強迫他們做不擅長的事會消磨其自信，因此著重找出特長加以培養，發現優點加以稱讚。

然而「不強迫做不擅長的事」其實非常危險。輔導人員認真確認過何謂兒童的弱項了嗎？單純以「本人很痛苦」為由逃避，反而容易錯失成長的機會。換句話說，兒童的障礙可能是輔導人員所造成的。

假設有個學生每星期忘記帶東西一次，教師的應對方式會根據「老是忘記帶東西」還是「每星期至少有四天不會忘記帶東西」而有所不同。現代的「讚美教育」著眼的是每星期只忘記一天並強化讚美，而非警告切勿再度忘記。讚美有時的確能促進成長。然而倘若讚美之後情況還是照舊，提醒和培養學生的注意力才能從根本解決問題。這種情況下還採用讚美教育不過是迴避問題。

1天5分鐘就能改變社會

一般社會大眾總認為進少年院的孩子都是壞到拿他們沒轍，出來以後還是重蹈覆轍。進過少年院的少年的確回鍋率不低，成年後坐牢的比率也高，累犯者多。難道真的沒辦法改變他們嗎？難道他們真的都討厭念書嗎？

事實絕非如此。我在少年院施行了好多年團體腦力訓練，藉以鍛鍊少年的視知覺功能與聽知覺功能。一次訓練需二小時，超乎我預料的是，他們都能專心接受訓練二小時，其中甚至包含確診為「注意力不足過動症」（Attention Deficit Hyperactivity Disorder, ADHD）的少年。有時我想讓他們放鬆而刻意閒聊，反而遭到他們抗議：「老師，快沒時間了，我們趕快做訓練吧！」外界來參觀的教師也屢次表示：「沒想到這些孩子居然能乖乖坐上二小時。」

其他少年聽到少年院執行團體腦力訓練，還特意來拜託我：

「我很有把握自己是個笨蛋，請讓我參加！」

其實，**非行少年都非常渴望學習和認同。**選對方法，非行少年也能更生；一般學生更是如此。在校生不需要一次訓練二小時，採用第七章介紹的方式，每天早自習利用五分鐘進行各種訓練就有機會大幅改善。

究竟該如何預防偏差行為？對非行少年採用何種教育才能產生效果？又該如何教育有相同風險的兒童？本書的目的在於共同建立解決問題的心態，將對於非行少年的怒意轉為同理，進而減少非行少年所造成的被害人，讓罪犯成為納稅人，建立健全的社會。

第2章

「僕はやさしい人間です」と答える殺人少年

犯下殺人罪的少年說：「我很溫柔。」

不會切蛋糕的非行少年

我原本在公立精神科醫院擔任兒童精神科醫師，煩惱許久之後終於下定決心暫時離開醫療第一線，前往醫療少年院任職。進入醫療少年院之後卻面臨好幾起令我吃驚的事件，其中一項就是，少年重刑犯居然「不會切蛋糕」。

某次與一名言行粗暴的少年面談時，我在二人之間的桌上放了一張Ａ４大小的紙，紙上畫了一個圓象徵蛋糕。我問他：

「假設眼前有一個圓形的蛋糕要分給三個人吃，該怎麼切才能讓每個人吃到的蛋糕大小都一樣呢？」

少年聽到問題，拿起筆將圓縱向切成一半，然後停下筆來呻吟沉思。我以為他畫錯了，於是再給他一張畫了圓的紙，讓他重新挑戰。結果他還是縱向切一刀，再度陷入沉思。

這個結果令我大吃一驚：為什麼這麼簡單的問題也答不出來呢？為什麼沒辦法像畫賓士的標誌一樣分成三等分呢？這名少年之後反覆挑戰了好幾次，不是畫成像圖2-1的切一半再補一刀，就是均分成四等分後「啊～」地嘆一聲氣。

另一名少年則是切成圖2-2的形狀。接著我問他：「如果要分給五個人吃呢？」他馬上在圓形的蛋糕畫下四條垂直的直線，得意洋洋地畫成圖2-3的樣子，一副「這次我就知道了」的表情。

蛋糕是分成了五份沒錯，卻不是五等分。當我一說「每個人分到的蛋糕大小要一樣」，他又陷入沉思，最後畫出圖2-4。

像這樣，少年院裡充斥著不會切蛋糕的非行少年。

小學低年級或智能障礙的兒童有時會畫出上述的圖形，這些圖形本身沒有問題。問題在於畫出這些圖形的是犯下強盜、強姦、殺人等重罪的少年犯，而他們不過是國高中生的年紀。從這些情況得以輕易想像，要求這些非行少年反省自己的犯罪行為與思考被害人的心情，施以既有的感化教育不過是馬耳東風，他們連何謂反省都不懂。只會這樣切蛋糕的少年至今一定嘗過多次挫折的滋味，生活也過得十分艱辛。

我認為更嚴重的是，校方居然從未發現這些孩子無法適應一般教育，不曾為這些孩子多加費心。這群孩子的下場就是，無法適應學校生活而出現偏差行為，進入少年院之後依舊無人理解，只是一味被要求「反省」自己的罪行。

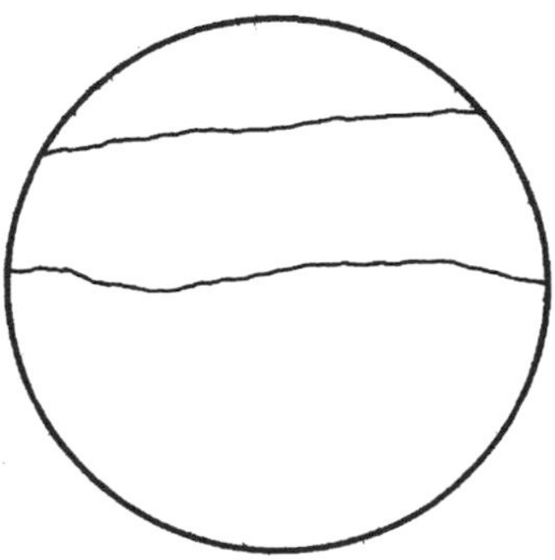

圖2-1　少年A畫的三等分

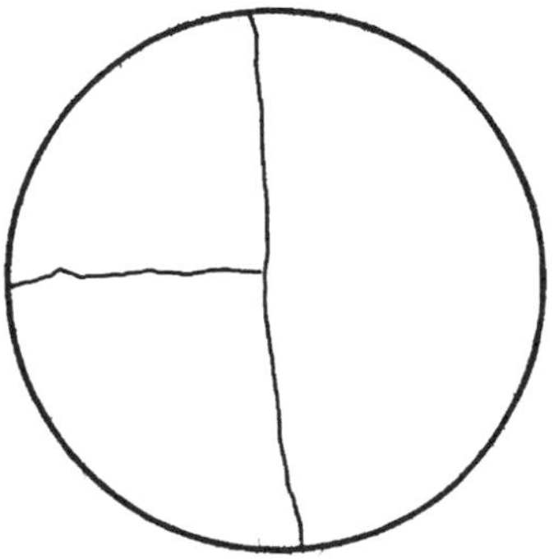

圖2-2　少年B畫的三等分

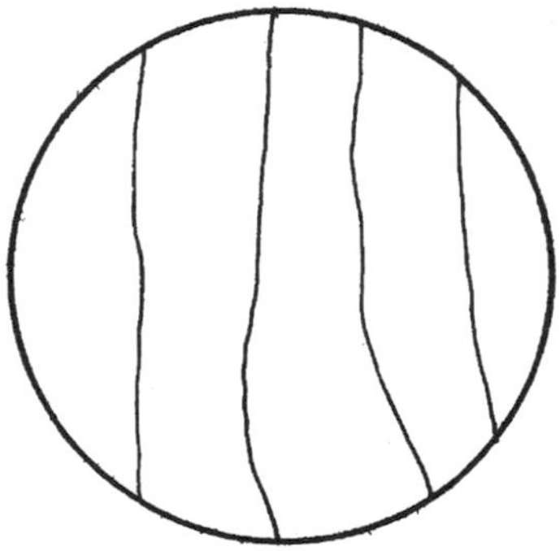

圖2-3　少年B首次畫的五等分

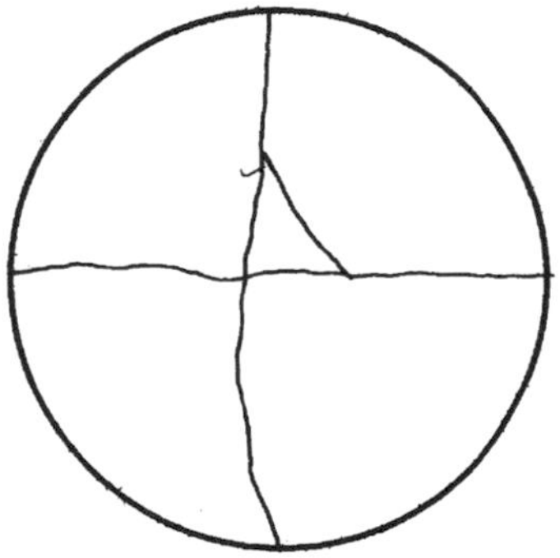

圖2-4　少年B第二次畫的五等分

不會算術也看不懂國字

每次與少年面談時，我總會出些簡單的算術題，例如：「一百減七是多少？」回答得出正確答案的大概只有一半。答案多半是「三」、「九百九十三」，或是「一百零七」。繼續問回答「九十三」的人：「那再減七呢？」答得出來的人寥寥無幾。而少年對於「三分之一加二分之一」的答案，也幾乎與我預測的一樣，是「五分之二」。

此外，少年院預設這群少年基本上都「看不懂國字」，因此所有教材的國字都以假名標示讀音。可是一般的報章雜誌不會標示假名，所以讀不懂報紙的少年就算於自由時間輪到看報，目光總在廣告欄裡的女性照片流連。

少年院會安排這些少年練習算術或國字，通常是從小學低年級的程度開始；能從小學六年級開始進行就算是相當優秀了。

不會制訂計畫也不懂設想後果

我在日常的面談時詢問少年犯罪的理由，每個人都異口同聲地說：

「因為我沒想過犯罪之後會發生什麼事。」

接著他們提到今後的目標是「行動前要考慮後果」。

做得到「考慮後果」需要制訂計畫的能力，專業術語是「執行功能」（executive function），少年們缺乏這些能力。欠缺執行功能代表總是衝動行事，所以他們的偏差行為幾乎是臨時起意，例如：沒有錢買遊戲軟體，所以殺人搶錢；害怕同年紀的女生卻又對異性有興趣，所以對小女生下手。

倘若詢問少年：

「假設你現在手頭上錢不夠，但是一星期後必須拿出十萬圓來。這時候你會怎麼做？只要湊得到錢，任何方法都可以。」

設定情況為「任何方法都可以」，所以答案可能是跟親戚借、跟信用貸款借、偷拐搶騙等等。對少年而言，「跟親戚借錢」和「偷拐搶騙」都是可行的辦法。一般人知道偷拐搶騙後的下場會很淒慘，也不見得能順利執行。像這樣能夠預想之後的結果，是因為具備籌畫未來的計畫能力。然而缺乏設想後果以制訂計畫的能力，也就是執行功能不全的人，會選擇更為輕鬆簡單的偷或騙。

社會上充斥令人不禁覺得「怎麼會做出這種愚蠢事」的事件，原因都是缺乏考慮後果的能力。非行少年當中有許多人無法籌畫未來以制訂計畫，因而一時衝動做出偏差行為。

不懂何謂反省當然不會苦惱

我在〈後記〉提到故人岡本茂樹教授的著作《逼孩子反省會讓他成為罪犯》（新潮新書），我在閱讀時首先浮現腦海的是「懂得反省就已經很厲害了」。

我在工作上接觸眾多非行少年，許多人連反省都不會。

例如詢問強制猥褻女童的少年：「為什麼會做出這種事？」多半的回應都是「嗯……」而答不出原因。苦思之下的答案也是「因為很想摸……」而面對「你覺得自己對被害人做了什麼樣的事？」的提問，他們馬上回答「我做了壞事」，卻欠缺反省的言詞。

我不會打從一開始就期待這些少年反省，說謊哄騙我也無所謂，我願意花時間矯正他們。只要他們稍微流露「我做錯事了」的後悔神色，之後再慢慢進行感化教育即可。

實際情況卻是，他們絲毫沒有反省之意。詢問來到少年院之後的感想，每個少年都笑咪咪地說「還不錯」「很開心」，完全不明白自己的立場。

他們在少年院也經常惹是生非，最常見的情況是抱怨室友盯著自己看、看著自己賊笑、自言自語很吵。

「我很煩躁，開藥給我！」

這是他們經常提出的要求。精神科醫師當然不會因此開藥給他們。我一開始以為他們是因為壓力而感到煩躁。然而診療一段時間，我發現他們對任何情況的反應都是「我很煩躁」。指導教官不來或家長沒來探視時感到煩躁還能理解，肚子餓、天氣熱、悲傷、發現自己造成被害人痛苦時，也是「我很煩躁」。其實，**非行少年唯一表達情感的詞彙只有「我很煩躁」。**

說自己很溫柔的少年殺人犯

「你覺得自己是個什麼樣的人呢？」

我經常在面談時這麼詢問少年，因為正確了解自己是更生的第一步。其實不僅是更生，在學校出現偏差行為的兒童要是認為「我一點問題也沒有」，就不會產生改善的念頭，也不會嘗試改變自己。

我期待這些少年針對這個提問能夠說出：「我犯下了不可挽回的錯誤，簡直差勁透頂。」部分少年則是不願接受少年法庭的判決結果，表示：「錯在對方，我是被陷害的。」這種情況也還在我的預期範圍內。然而最令我驚訝的是，約八〇%的少年都這麼回答：

「我是個溫柔的人。」

其中甚至包括造成被害人留下終身後遺症的連續強姦、施暴，以及傷害、放火、殺人等罪行重大的少年。一開始我還以為自己聽錯了，他們卻似乎是打從心底如此認為。

就連某位少年殺人犯都對我說，他認為自己是個溫柔的人。於是我問他：「具體而言是哪些地方溫柔呢？」他的回答是：「我對小孩、老人、朋友很溫柔。」我心想原來如此，同時反問他：「你做了○○事而導致他人死亡，這是殺人的行為。殺了人還能算是溫柔的人嗎？」這時他才第一次反應過來：「啊，我不是個溫柔的人。」

不提點到這種地步就不會察覺自己的錯誤，這究竟是怎麼一回事呢？這樣根本不可能向被害人家屬道歉。事實上，這名少年明明已經進入少年院一個月以上，應該十分清楚自己究竟犯下何種罪行才是。

無法打消殺人念頭的少年

幾年前發生一起震驚社會大眾的殺人事件，犯案少年表示其動機居然是：

「我想試試殺人是什麼感覺。」

這種少年人數稀少嗎？

如果未成年人因為這種理由而殺人，會成為搶占報紙頭版的大新聞；基於相同理由而殺人卻無人死亡則是殺人未遂，報導的篇幅就小多了。儘管二者的動機都是「想嘗嘗殺人的滋味」，媒體的關注程度卻有天壤之別。我在臨床上也感到許多少年懷抱嘗試殺人的心理。實際付諸行動而殺人未遂，被送進少年院的少年更不在少數。

然而這樣的少年進入少年院接受感化教育，真的就能打消這個念頭嗎？

我遇過一位少年因為渴望殺人而刺殺成年人。幸運的是被害人撿回一命，少年則進入少年院。過了幾年即將離開少年院之際，他與我面談時坦承：

「我回答『已經不想殺人了』是為了敷衍教官，免得挨罵。其實我到現在還是很想殺人。」

「我還想再殺殺看！」

對方回答時掛在臉上的賊笑，直到現在都深刻烙在我的腦海中。這件事之後傳進少年院幹部的耳裡，法務教官等人的態度為之一變。少年可能也發現了此事，就此閉口不談。

接觸「自閉症光譜障礙」（Autism Spectrum Disorders, ASD）的非行少年時，會發

現他們具備特定的「堅持」。這種堅持朝正面方向發展，有機會發展出偉大的成就；但發展方向若是「想試試殺人的感覺」，就難以打消念頭了。之後無論我如何詢問，這名少年都堅稱已經不想殺人了，但我實在很難相信他的片面之詞。

二〇一四年發生於長崎佐世保的女高中生殺死同學的事件（佐世保女高中生殺人事件），也令我感到難以消弭犯人「想嘗嘗殺人滋味」的慾望。

我們究竟該如何面對這群少年呢？第七章會介紹少年出現這種心情時，如何幫助他們「踩煞車」的訓練。

老是對幼兒下手的少年性侵犯

我所任職的少年院中，許多少年因為強制猥褻、強暴未遂、強暴等性侵害犯罪相關案件而來到這裡。

其中又以對幼兒下手的強制猥褻案件最多。而社會大眾一聽到性侵害犯罪的案件，通常誤以為犯人有特殊癖好。我進入少年院工作之前，也懷有相同的錯誤印象。

部分少年的確特別偏好女色。經常有外部人士前來參觀少年院，參觀時通常看不到少年，只會在設施內移動時偶然擦肩而過。少年院要求少年此時必須背對對方，他們卻總是忍不住偷瞄對方。參觀的成員以年長的更生保護志工居多，但偶爾會出現女大學生。少年看到女大學生不免眼睛一亮，尤其是因為強制猥褻而來到少年院的部分少年甚至紅著一張臉來跟我報告：「醫生，我忍不到晚上。」所謂忍不到晚上是指趁著對女大學生印象還深刻時自慰。

然而強制猥褻女童的少年並非性慾特別強烈，反而對成年女性沒什麼興趣，甚至感到害怕。有些少年告訴我：

「我只對八歲以下的小女生有興趣，一過九歲就好可怕。」

兒童成長過程有好幾個階段，其中一個階段是「九歲危機」——過了九歲，小孩就像換了一個人似的。九歲危機的特徵之一是想像力急速發展，語言能力也跟著發達。因此強制猥褻小女孩的少年並非沒來由地覺得女童「一過九歲就好可怕」。這種少年當然無法和同齡的女生正常來往，卻又想接近異性，於是對八歲以下的女童出手。

我在面談時感覺到的是，**這群少年與其說一開始就想猥褻女童，不如說是認為**

「這個女孩應該會了解我」。由於認知扭曲，才會對比自己小十多歲的小女孩產生情愫。

另一個主因是受到色情片影響。例如：發展障礙青年常見的說法是，看到色情片中「一開始對於性交十分厭惡的女性後來舒服起來」的情節，所以認為「被自己強暴的女性其實很高興」。

第3章

非行少年に共通する特徴

非行少年的共通點

非行少年的5大特徵＋1

我在少年院與數百名少年面談過無數次，慢慢發現他們的性格、稟賦、程度雖然因人而異，共通點卻都是不擅長念書、拙於溝通、社交技巧拙劣、固執、行事衝動、情緒化、行動前不會考慮對方的狀況、無法控制力道等等。

上述共通點可以分成幾大類，我則把這些共通點的原因分成六類，彙整為「非行少年的五大特徵加一」。姑且不論監護人養育的問題，非行少年的特徵一定符合六類理由的任一組合。

1. **認知功能不全：**憑藉所見所聞進而推想的能力薄弱。
2. **無法控制情緒：**拙於控制情緒，容易發怒。

3. **不知變通：**想到什麼就做什麼，不擅長應付意料之外的情況。

4. **自我評價錯誤：**不了解自己的問題點，過度自信或缺乏自信。

5. **缺乏社交技巧：**拙於溝通。

＋1——動作笨拙：不會控制力道，動作不協調。

下面各節會詳細說明上述的「五大特徵加一」。

動作笨拙歸為「加一」是因為部分少年有過運動經驗，運動神經發達，不盡然是共通點。第七章則會詳盡介紹我在少年院用於改善這些問題的方法，並說明如何活用於學校教育中。

特徵1【認知功能不全】憑藉所見所聞進而推想的能力薄弱

少年犯下傷害罪的理由經常是「對方瞪我」。

我在少年院時經常耳聞「他老是看著我賊笑」或「他瞪著我看」等抱怨。但實際詢問遭到指控的少年，卻發現他並未看人賊笑或瞪人，根本不明白我為何提問。

發生誤會的原因在於視知覺功能不全。由於無法仔細辨認對方的表情，才會覺得遭人瞪視或被瞧不起，產生被害妄想。

他們的聽知覺功能或許也有所缺陷，所以聽到其他人自言自語會誤以為「那傢伙在說我的壞話」。

認知功能包含記憶、知覺、注意力、語言理解、推論與判斷等多項要素；也就是人類藉由五感（視覺、聽覺、觸覺、嗅覺、味覺）獲得外界的資訊，彙整之後制訂計畫與執行，達成期望結果所需的能力（圖3－1）。這種能力不分主被動，是所有行動的根源，也是接受教育與援助的基礎。

那麼，當五感接收的訊息錯誤、彙整訊息的方式有誤，或僅能接收部分訊息時，會造成什麼樣的結果呢？

「嗅覺」「觸覺」「味覺」在學校上課時派不太上用場，所有資訊幾乎都是透過「視覺」與「聽覺」接收。倘若視知覺與聽知覺扭曲，則一如圖3－2所示，接收到正確訊息卻認知錯誤，如此一來又會造成何種情況呢？

兒童無法正確理解訊息，導致輔導人員的心血白費；無論兒童如何努力制訂計畫，一開始即無法認知正確訊息而導致方向錯誤。

除此之外，「想像力」可以彌補視知覺功能與聽知覺功能不全。想像力薄弱自然無法修正錯誤的認知。因此所謂偏差行為可能源自認知功能障礙。

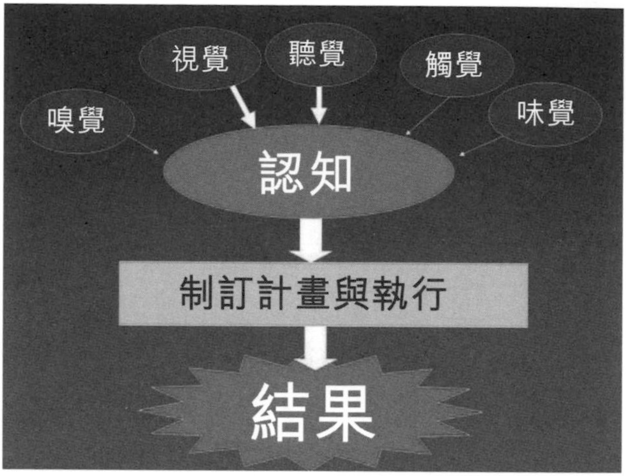

圖 3-1　認知功能

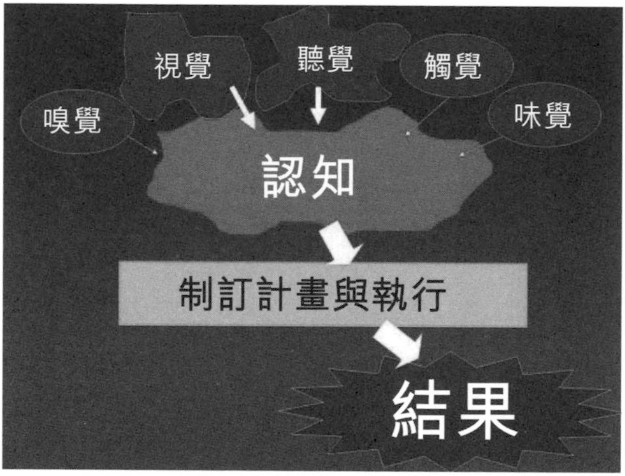

圖 3-2　認知功能不全

「不認真」和「無心念書」的學童背景

以聽知覺障礙為例。老師上課時命令學生：翻開數學課本第三十八頁，做第五題；聽知覺功能不全的學生聽不清楚指令，勉強翻到課本第三十八頁，卻不知道要算第五題。

正當學生不知如何是好而左顧右盼或發呆，在老師眼裡可能顯得很不認真，於是當面斥責。他們挨罵時雖然乖巧，沒多久卻又出現相同的行為。這種時候反問他們剛剛老師說了什麼，其答案不僅不正確還風馬牛不相及。

其實他們聽不清楚或根本不理解老師說了什麼，只是因為不想挨罵而裝懂，周遭的人也誤以為他們「老是裝傻」「無心念書」「愛說謊」。

至於視知覺障礙，不僅會導致閱讀時跳行或落字、記不得國字、不知如何抄板書（老師寫個不停時，無法分辨新舊資訊）等在校的學習表現，也由於無法判斷周遭的情況與氣氛，引發「大家都排擠我」或「老是只有我吃虧」等被害意識或不滿情緒。

我聽育幼院的老師說過一個例子。某個交不到朋友的孩子，有一次鼓起勇氣走向其他正在玩耍的兒童，想邀大家一起玩，所有人卻一致逃走。於是他覺得自己遭到眾人排擠，開始出現偏差行為。

老師事後詢問大家，卻發現根本不是這麼一回事：當時大家正在玩捉迷藏。視知覺功能正常的兒童環視四周，很快就會察覺大家逃走的方向有異，因此發現有人當鬼。大家逃走是因為在玩捉迷藏，而非遠離自己。然而視知覺功能不全造成該名兒童鑽牛角尖，誤以為大家躲避自己，更覺得自己受到傷害。

我認為不僅是非行少年，其他問題學生身上可能也經常發生類似的情況，進而引發偏差言行。因此遇到問題學生，首先必須確認視知覺功能與聽知覺功能是否正常。

缺乏想像力自然不會努力

我認為最重要的想像力是「時間概念」。缺乏時間概念的兒童活在只有「昨天」「今天」「明天」的世界裡，部分兒童甚至連幾分鐘之後的情況都控制不了。像以下這些具體目標：

- 現在的忍耐是為了未來的豐碩果實。
- 為了一個月之後的社團比賽或段考努力。
- 朝未來的目標邁進。

要求這種孩子理解，進而制訂與實踐目標，簡直是天方夜譚。

無法訂定目標的人不會努力。不努力會造成二種結果：一是無法獲得成就感或成功，因此缺乏自信，自我評價低落；二是不明白其實其他人都在努力。

例如：非行少年常見的犯罪是偷機車。一部全新的機車約莫二十萬日圓。買機車並不是一件簡單的事，可能需要打工或拚命賺錢，又省吃儉用好幾個月才行。然而他們不明白其他人都在努力，自然不會想到機車是車主流血流汗才獲得的成果。之所以不把偷車當作一回事，就是無法想像機車是對方工作好幾個月的「心血結晶」。

想像力薄弱也使少年無法預測現在的行動會招致何種後果，容易隨波逐流，今朝有酒今朝醉。

綜上所述，認知功能不全不僅會影響課業成績，還可能引發各種偏差行為並且犯下罪行。

做了壞事也無法反省

這些認知功能（視知覺、聽知覺、想像力等）有缺陷的少年，即使接受矯正教育，也無法累積所學。

舉例來說，經常發生以下的情況：指導者教導少年到一個段落，心想「今天教到這裡，明天從這裡繼續教下去」，然而少年到了第二天又忘了前面所學的一切，於是怎麼教也無法前進；嘗試讓少年閱讀被害人的手記，首先得從教導認字著手，然而即使學會認字，他們讀了往往也是歪著頭說「內容太難了，我看不懂在寫什麼」，或者認知的內容與手記大相逕庭。

這些少年出現這樣的反應，並不是代表他們在開玩笑，而是真的完全無法理解指導者所說的話，更別說要他們體會被害人的心情。而這正是所謂「連反省是什麼意思都不懂」。

我所任職的醫療少年院收容的是少年重刑犯，一開始就一味地要求他們反省，是完全沒有成效的。施行矯正教育，必須配合個人的發展程度，提升視知覺與聽知覺等基本的認知功能，才能發揮效用。

然而真實情況卻是，目前的矯正教育並未考量個人的理解能力，多半僅是要求少年默默完成矯正局指定的困難教材。少年也知道說不懂會招來責罵，所以只好裝作了解的樣子。

學校教育也是一樣。學生做了壞事，要求反省之前，必須先確定對方具備了解錯誤的能力與思考該如何是好的能力。倘若欠缺這些能力，比起要求反省，必須先行改善其認知功能。

特徵2【無法控制情緒】拙於控制情緒，容易發怒

人類的情緒與大腦新皮質下方的邊緣系統有關。透過五感接收的資訊進入認知的過程會經過「情緒」的濾網，因此情緒帶給認知過程各式各樣的影響。成年人一時衝動而無法冷靜判斷便是因為如此。控制情緒的能力薄弱，可能引發偏差行為。

部分兒童不擅長以言語表達情緒，一生氣就施暴或出口傷人，什麼事情都說「很煩」。他們遇上令人不悅的事情時覺得心裡悶悶的，卻不明白心理變化和產生的情緒，鬱悶的心情累積久了便轉化為壓力。雖然壓力會隨著時間而消逝，但接二連三發生令人不悅的事情則導致壓力累積，累積了便必須紓解。消除壓力的方式錯誤，可能造成暴力事件、傷害事件、性侵等犯罪。

性侵的原因是紓壓

在我的印象裡，少年性侵犯中不少人拙於紓解壓力。以我任職的醫療少年院為例，少年性侵犯的人數比例不少。而幾乎所有人（大概九五%吧？）在國小或國中都遭遇過霸凌。他們多半因為霸凌而累積許多壓力，為了發洩壓力而反覆猥褻女童。霸凌的被害人反而造成他人受害。

我曾經遇過非常拙於表達情感的少年性侵犯，於是請他在日記上寫下每天的心情。這本情緒日記的日期欄旁邊有二欄，分別是：

- 好事&當時的心情
- 壞事&當時的心情

我請他以日記的形式記錄每天發生的事情和心情，格式和寫法都很簡單。剛開始的十天，日記上都是寫著「沒事」。我本來以為他寫不出來而一度想放棄，後來決定還是再試一陣子。結果到了第十一天，「壞事&當時的心情」欄填滿了小字。以下是幾個他寫的例子：

「我明明跟大家一樣都在打掃，老師卻說只有我一個人沒打掃，我很火大！」

「為什麼老師總是只罵我一個人？我很火大！」

「告訴老師電話響了，老師卻說我很吵。我對老師這麼好還被罵，我很火大！」

日記裡滿滿是類似的不滿與抱怨，他卻從未說出口，只是把怒氣默默藏在心裡。我想他在學校遭到霸凌時應該就是如此，為了紓解壓力而每天尋找女童，把她們帶進公共廁所猥褻。

必須了解「怒意」何處來

喜怒哀樂中最麻煩的情緒是「憤怒」。然而人究竟為何發怒呢？

其實不僅是非行少年，一般學校的兒童在人際關係上遇到的麻煩也是「被當作笨蛋」和「凡事無法按照自己的想法」。這二個原因所引起的憤怒程度又隨思考模式而有所不同。

例如：A男和B男做相同的工作，C男對二人說：「你們做錯了。」B男聽了覺得「C男好心提醒我」；A男卻覺得「C男這傢伙煩死了，把人當白痴」。同一句話，聽在不同人耳裡，反應卻是天壤之別。視為好意或覺得被欺負，端看個人的思考模式。至於哪一種思考模式容易引發怒意，相信讀者一望即知。

A男這種被害意識又是源自何處呢？多半是與從小到大的人際關係（受到父母

虐待或被人霸凌）、本身缺乏自信有關。

沒有自信的人自尊脆弱，容易受傷，因此無法懷抱好意接受他人的言詞。不是認為對方指責自己的失敗而採取攻擊的態度，就是覺得自己什麼也做不來而過度自卑。沒有自信的原因可能是人際關係不順、不會念書、坐不住老是挨罵、經常忘東忘西而被罵、不擅運動、缺乏運動神經等等。這些原因又可能出自發展障礙、智能障礙、臨界智能障礙。

憤怒的另一個原因是「凡事無法按照自己的想法」。因此憤怒的根本原因在於對他人的要求高與既有觀念多，也就是強烈要求他人「一定要為我這麼做」「我才是對的」「凡事有一定的做法」等扭曲的自戀與既有觀念。

例如：走在路上和他人擦肩而過時撞到肩膀，自己道歉了，對方卻毫無反應，此時可能會有點生氣。這是因為既有觀念認為撞到人就該說對不起，但他人多半不會依照自己的想法行動，這是人之常情。對違反既有觀念的對象產生怒意，怒意導致行動，情緒處理不當則更容易突然發怒。

「怒意」阻斷冷靜思考

怒意會阻撓人類冷靜思考，人一旦發怒便無法理性判斷。

例如：A男在學校餐廳排隊買午餐，B男沒注意到A男在排隊，於是站在他前面；C男拿著盤子排隊結帳，看到B男插了A男的隊。

A男因為遭到B男插隊而勃然大怒，破口大罵。B男並未發覺自己插了A男的隊，只覺得莫名招來怒罵，嚇了一跳後惱羞成怒。C男則認為「A男不需要生氣到這種地步，B男馬上道個歉就沒事了」。

進一步分析這個例子中三人的情緒與行動。A男覺得自己守規矩排隊，居然遭到B男插隊，於是火冒三丈，對著B男大吼大叫。突然招來怒罵的B男，倘若冷靜下來思考，便能像在一旁的C男一樣，立刻想到遭人插隊的心情，明白接下來該採取何種行動。然而畢竟B男是當事人，驚訝和怒氣導致他無法採取正確的行動。

怒意如同圖3－3所示，會阻礙人冷靜思考，任憑情緒引導行動，以上述的例子來說，就是無法抑制衝動而勃然大怒。我們都知道，成人也可能因為一時怒氣直衝腦門而判斷錯誤，更不用說兒童了。

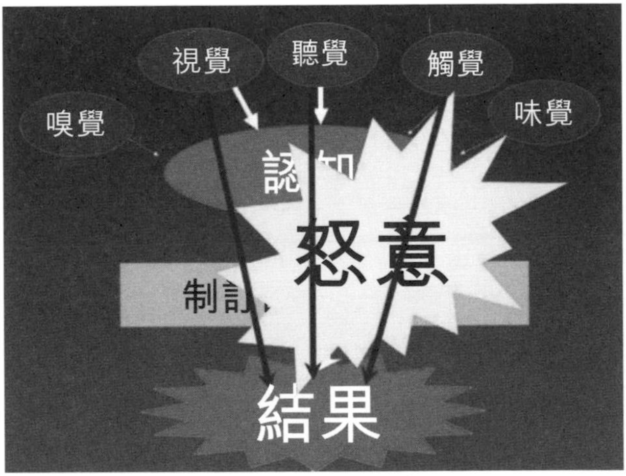

圖3-3　怒意阻礙冷靜思考

情緒是多數行為的動機

控制情緒的能力之所以重要的另一個原因是，許多行為都源自情緒。以閱讀本書為例，相信各位讀者看到書名和稍微翻閱目次，湧起「想讀讀看」的興趣，所以現在才會閱讀本書。人類正是因為湧現「想去聽那位歌手的演唱會」或是「好久不見了，去找那位朋友吧！」的心情，才會付諸行動。所有行動都是源自「想〇〇」的心情。除了反射作用，情緒幾乎支配了人類所有的行動。

麻煩的是，「為了紓解壓力，於是想〇〇」的空格中填入的是「順手牽羊」或「性騷擾」等偏差行為。不當的情緒會引發不當的行為。

一般而言，有三種解決辦法：

①檢討生活方式，避免累積壓力。
②以運動或購物等行為取代原本的偏差行為。
③降低想○○的衝動。

辦法①和②耗時費力，不是能馬上解決問題的速效魔法。然而一旦成功，效果格外顯著。

另一方面，辦法③只是克制執行○○的衝動，但效果迅速。無論如何，關鍵在於如何抑制衝動。「想○○」的心情與個人的成長過程、生活型態、思考模式、人際關係、倫理道德有關，改變長年以來的習慣並非易事。而〈前言〉提到的認知行為治療主要是修正偏差的思考模式。

特徵3【不知變通】想到什麼就做什麼，不擅長應付意料之外的情況

一般來說，日常生活中遇到問題或發生困難時，人通常會思考好幾個解決辦法，經過仔細考慮與審慎評估，做出最佳選擇，並且執行。倘若執行過程中遭受挫折或失敗，則轉向其他選項，再度嘗試解決問題。而此時的重點有二個：一是，想得出多少解決方案；二是，能否配合當下情況，決定合適選項的「臨機應變」能力，這種能力或許可以解釋為想法靈活的程度。

例如「手頭上沒錢卻需要用錢」，假設遇到這種令人頭大的情況，想出以下四種解決辦法：

A方案：打工。

B方案：跟親戚借錢。

C方案：買樂透。

D方案：搶錢。

針對上述A到D的四種方案，只要稍微思考一下執行各方案的前因後果，一般人通常不會選擇D方案的搶錢，說不定還會靈機一動，想出其他更好的解決辦法。

那麼，一個思考僵化又固執己見，也就是所謂「不知變通」的人，如果只想到D方案，又會採取什麼樣的行動呢？恐怕是每次沒錢了就去當強盜吧！這就是為什麼不知變通可能會引發偏差行為。

執行功能缺失量表

我與少年面談時，使用了「執行功能缺失量表」（Behavioral Assessmenct of the Dysexecutive Syndrome, BADS）日本版的神經心理學測驗，才發現少年們不知變通的一面。

執行功能缺失量表的目的是，評估高機能腦部障礙等腦部受損患者的執行功能。第一章也解釋過何謂執行功能，是指當日常生活發生問題，制訂計畫並有效執行的能力。方才舉的例子「手頭上沒錢卻需要用錢」便是其中一種情況。

一般來說，高機能腦部障礙患者的智商（ＩＱ）並未受到障礙影響，卻無法制訂計畫與執行。由於患者智商並未受損，周遭的人無法了解為何無法執行生活瑣事。運用執行功能缺失量表這項紙上作業來評估執行功能，便能顯示日常生活的各種行為對於患者究竟有多困難。

我對於所有進入少年院的少年都做了這套測驗。理由是，部分少年智商高卻不懂做事的訣竅；部分少年懂訣竅又聰明，智商卻很低。智商是施測魏氏兒童智力量表（Wechsler Intelligence Scale for Children, WISC）或魏氏成人智力量表（Wechsler Adult Intelligence Scale, WAIS）的分數。然而我發現這些智力測驗無法正確評估這群少年的智力，第六章會進一步解說目前使用的智力測驗無法正確評估他們的能力與潛能。

執行功能缺失量表有一項為「行為計畫測驗」（圖3－4）。受試者眼前有一個放進軟木塞的透明長圓筒；旁邊是一個裝了水的燒杯，上面有一個正中央開了小洞的蓋子。受試者手邊有一根前端彎曲的鐵絲、透明的管子和蓋子。規則是只能使用鐵絲、透明的管子和蓋子，拿出長圓筒裡的軟木塞，不得碰觸長圓筒與燒杯。

解決方法是：先用透明的管子和蓋子組成一個杯子，用彎曲的鐵絲拿起燒杯的蓋子，再用杯子舀水倒進長圓筒裡，讓軟木塞浮起來之後取出。這個課題需要預

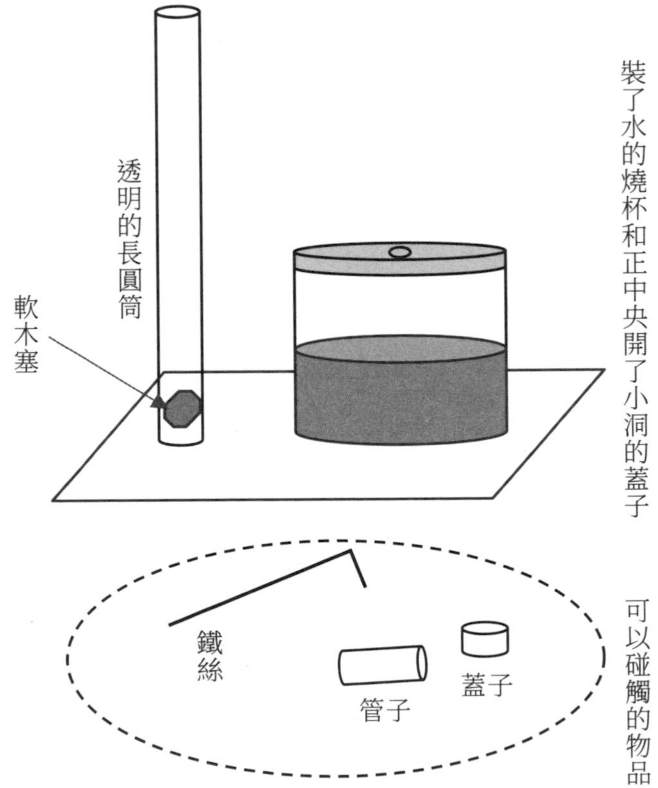
透明的長圓筒
軟木塞
裝了水的燒杯和正中央開了小洞的蓋子
鐵絲
管子
蓋子
可以碰觸的物品

圖 3-4　行為計畫測驗

想好幾步之後的情況才能制訂執行計畫，健全的孩童三兩下便能想到辦法。

那麼，針對這項測驗，不知變通的非行少年會怎麼做呢？他們拿起鐵絲就往長圓筒裡戳，想用鐵絲拿出軟木塞。明知鐵絲長度不夠，根本碰不到軟木塞，卻還是停不下來。也有少年用管子和蓋子敲打長圓筒，直到時間截止。

總而言之，他們從頭到尾都沒考慮過利用燒杯裡的水，甚至連「為什麼長圓筒旁邊會有一杯水」這件事情也沒思考過，眼裡只有軟木塞，從未想到「倒水進去」這個點子。

由此可知，他們的思考模式僵化、不知變通，難怪壞朋友約做壞事也毫不猶豫地參加。

校園裡也有許多不知變通的孩子

學校裡也有許多不知變通、思想僵化的學生。他們通常只想得到一到二種解決辦法。只想得到一種解決方案自然無法判斷是否為最佳辦法，還會重蹈覆轍。這種思考模式在日常生活中可能會引發以下二種結果：

①**經常衝動行事**：一想到就馬上行動、發現少、看到什麼就是什麼、容易受騙、學不會教訓。

②**沉迷於一件事便看不清楚周遭**：行動前不會考慮其他後果、容易鑽牛角尖、無法注意全局、線索多也看不見或遺漏。

這些不知變通、思想僵化的兒童面對另一種問題也容易不知所措。

例如：先要求回答簡單的算術問題（一百減七等於多少），之後再問：「五顆蘋果要怎麼平分給三個人？」

一般的回答大多分為二種。一種是每顆蘋果都切成三等分，加起來一共十五塊，一個人各領五塊。這個回答雖然正確，不過只要先給每個人一顆蘋果，再思考剩下的二顆蘋果該怎麼分給三個人就更輕鬆簡單了。部分兒童的回答則是神經質到要把蘋果打成汁，再平分給三個人。

然而不知變通、思想僵化的兒童，答案又有些不同：「老師，這是計算問題，五除以三是一點六六六六……除不盡，所以沒辦法分。」這個問題並不是單純的計算問題，他們卻被一開始的計算問題誤導，而無法彈性靈活地分配蘋果。

這種兒童面對任何問題都習慣馬上提出答案，無法從多種角度分析問題，也不擅長花時間思考其他可行的辦法。可想而知，這種個性在人際關係上也會帶來各種困擾。

不知變通容易造成被害妄想

少年院所收容的少年給我的深刻印象之一是**「容易覺得自己受害」**。

少年院的課表規畫得很細，大家一起移動到不同教室時，經常會與其他少年擦身而過。只要稍微對上眼就告狀「他剛剛瞪我」，稍微碰到肩膀就抗議「對方故意來撞我」，聽到人家嘖了一聲就認定「一定是針對我」，聽到周遭的人竊竊私語就投訴「大家一定是在說我的壞話」。

也許這些不滿其來有自，但他們從未這麼想：

「也許是我誤會了？」

「可能是我想太多？」

「對方或許不是故意的？」

許多少年的思考模式都是如此，一旦他們心中有所認定，就再也無法改變了。像這樣，在日常中持續累積對各種小事情的誤會，被害意識自然而然會愈來愈強烈，因此任何微小的原因都能引發他們互毆。而這就是不知變通、思考僵化所造成的結果。

特徵4【自我評價錯誤】不了解自己的問題點，過度自信或缺乏自信

希望非行少年發覺自己的行為偏差並且必須修正，第一步是讓當事人了解自己現在的情況。發現問題與課題，產生希望自己變得更好的想法，才是自我改善的重要動機。

然而，倘若一個問題重重的人無法正確評估自己的情況，認定「我一定沒問題」「我是好人」時，會出現什麼樣的狀況呢？

這樣的人無法給予自己正確的評價與反饋，自然不會產生想要改變自己的動機。不僅如此，這樣的個性不但導致無法修正自己的錯誤，還會引發各式各樣會對人際關係造成影響的不當行為。

例如少年院中經常可見少年有以下情況：

・寬以待己，嚴以律人。
・犯下滔天大罪依舊認為自己很溫柔。
・自尊心強，過度自信或過度自卑。

當我聽到少年殺人犯認為「我是一個溫柔的人」時不僅大吃一驚，同時也深深明白，不先修正錯誤扭曲的自我評價，矯正教育必定失敗。

為何無法正確評價自己？

為什麼這群少年無法正確評價自己呢？因為唯有與他人維持正常的關係才能建立正確的自我評價。

「A和我說話時總是一臉氣呼呼的樣子。我覺得A討厭我，是我哪裡做錯了嗎？」

「那群人總是對我笑咪咪，想必大家都很喜歡我。我也許比自己想的更受歡迎。」

由此可知，人類是透過他人的反應，一點一滴察覺自己的面貌。

心理學家高登．蓋洛普（Gordon Gallup）比較在團體生活中成長的野生黑猩猩與人工隔離飼育的黑猩猩，發現後者欠缺自我認知功能健全者應具備的特徵。人類也是一樣。在無人島上獨居的人無法了解自己真正的面貌。換句話說，正確了解自己，必須透過集體生活、與人多次溝通，彼此交換正確訊息並自我反饋。

倘若我們沒注意到對方發出的訊息，或者僅接受到部分訊息，甚至是錯誤的訊息（把對方的笑容誤以為是怒意，或把怒氣當作善意），便會帶來錯誤的反饋。正確自我評價的前提是，蒐集態度中立的正確資訊。正確了解對方的表情以巧妙掌握訊息、確切聆聽對方說的話，這些認知功能也與自我評價相關。

反之，部分少年難以自我肯定：

「我討厭自己，全身上下沒有一個地方好，不值得喜歡。」

「反正我這種人就是○○××……」

缺乏自信可能引發被害意識，甚至爆發怒氣。也就是說，錯誤的自我評價會影響人際關係，引發偏差行為。

特徵5【缺乏社交技巧】拙於溝通

人際關係受挫是人類容易感受到的壓力之一。當各種情況下的人際關係都碰壁，不僅在職場上與日常生活中累積壓力，更是各類事件的導火線。

兒童也是一樣，不擅社交的兒童主要的煩惱有二種：

①**無法拒絕：**無法拒絕壞朋友的邀約，於是一起做壞事。

②**無法求助：**遇上霸凌不知該如何向他人求助。

「無法拒絕」做壞事，會使孩子容易隨波逐流，淪為非行少年；「無法求助」則會在孩子的心靈留下不可磨滅的創傷。

缺乏社交技巧的原因汗牛充棟，從生長環境、性格，到自閉症光譜障礙、發展障礙都有可能。認知功能障礙也可能影響人際關係，例如：

・**聽知覺功能不全：**聽不懂、跟不上朋友說的話。
・**視知覺功能不全：**無法辨識對方的表情與動作，導致發言或行為不當。
・**想像力薄弱：**無法想像對方的立場，造成對方不快。

想像力薄弱、視知覺功能和聽知覺功能不全，導致無法與他人正常溝通，例如：無法辨識對方的表情與不悅、感受不到當下的氣氛、聽不懂對方說的話、無法了解對話的背景而跟不上話題、對話無法持續、無法設想行動的後果等等。

結果就是遭到霸凌、交不到朋友而對壞朋友言聽計從，進而出現偏差行為。

不想被討厭才去使壞？

非行少年中不少人拙於社交。正如第一章所述，面談時問他們最不擅長的事情，答案都是「念書」與「跟人交談」。

他們平常無法與朋友正常溝通，因此做出一些避免遭到對方厭惡或特意博取對方歡心的行為。例如：玩鬧了一下，周圍的朋友說「你這個人很有趣耶」，玩鬧行為於是愈演愈烈，逐漸往不良的方向（順手牽羊或偷竊）發展，進而在這些偏差行為中發現自己的價值。除此之外，許多少年明白壞朋友找自己做的是壞事，卻因為害怕遭人排擠而無法拒絕，仔細詢問後發現，做壞事才是他們的生存之道。

膽子小、容易隨波逐流、壞朋友說什麼統統照單全收——**愈是所謂的「乖孩子」愈容易被帶壞，出現偏差行為。**

更現實的問題是，當今社會約七〇%的職業都是第三產業的服務業。相較於過往，靠天吃飯的第一產業和工匠為主的第二產業大幅減少，不擅應對的人也不得不從事重視社交技巧的職業。換句話說，應對、交際有問題甚至會影響求職。拙於社交的學生找工作時被數十家公司刷掉，大有人在。

另一方面，訓練社交技巧的機會卻明顯日益減少。社群媒體普及使人無須面對面談話或打電話，光是動一動指頭便能聯絡他人。手機尚未普及的年代，打電話找人往往是對方的家人接電話，因此至少必須具備基本的電話禮儀，明白適合打電話的時間和有禮的用字遣詞。然而現在這些禮節都已經失去作用。

另一個結果是性侵

日常生活中最需要高超社交技巧的人際關係是和異性交往。

例如：想跟心儀的女性交往。究竟該於何時、趁著何種機緣、用什麼方式表達心意，都是複雜的社交技巧。就算約到人，如何縮短彼此距離又是另一種社交技巧。告白之前必須充分了解對方的心情，不得操之過急，還得判斷對方是否有意。這些過程中誤判對方的想法或單方面衝動表白，可能演變為跟蹤狂或性侵害等犯罪行為。

性侵害犯罪當中誤會對方同意而霸王硬上弓，結果演變為強制猥褻或強暴的案例想必不少。其中，智能障礙和發展障礙的少年性侵犯容易鑽牛角尖誤會，往往堅持：「對方誘惑我，我是被騙的！」發展障礙兒童的特徵是不擅想像對方的心情，而且有特定的堅持，在需要了解細微人心變化的男女關係上格外容易引發性侵問題。

我至今在少年院進行過許多次防治性侵害犯罪的團體治療。這些因為猥褻而進入少年院的少年，一開始總說是出於性慾而想看女性的私處，接受團體治療久了才慢慢說出真正的原因：

「因為累積了很多壓力，為了紓解壓力才猥褻女童。」

而這群少年累積壓力的共通理由，都是前面提到的「遭遇霸凌」。換句話說，許多案例都是為了消除遭遇霸凌的壓力而對女童下手。因霸凌而受害的不僅是當事人，還可能導致當事人對其他人施暴。原本因為發展障礙或智能障礙而缺乏社交技巧一事不僅導致少年遭遇霸凌，還進一步促使他們成為性侵害的加害人。這正是所謂「被害人成為加害人的瞬間」。

特徵＋1【動作笨拙】不會控制力道，動作不協調

我偶爾會遇上動作十分奇妙的少年，例如上體育課時發生以下狀況：

・捕手明明想把球丟向一壘，球卻飛向右側的教官。
・想把足球踢進球門卻踢到對方的腳，一場比賽下來，好幾個人都扭傷了。

日常生活中則經常出現各類怎麼看都像「故意」的行為：

・轉洗手檯的水龍頭轉過頭，結果把水龍頭扭下來。
・小便總是瞄不準小便斗，無法保持廁所整潔。

他們出了社會往往遇到下列情況：

・當洗碗工時打破太多餐具而被開除。
・把菜端給客人時放得太用力，和客人吵了起來。
・在工地做工時老是挨師父罵，覺得很煩就辭職了。

其犯下的罪行也不乏以下狀況：

・打架時本來只是想輕輕踩一下對方的頭，卻害得對方顱骨凹陷。
・本來只是跟對方鬧著玩，卻害得對方受重傷，因為傷害罪而遭到逮捕。

以上就是所謂動作笨拙的特徵和情況。這樣的少年，儘管出了少年院後想改過自新、認真工作，卻又因為動作笨拙而遭到開除，於是屢屢換工作，或在無意間犯下傷害罪。

不僅如此，這群動作笨拙的少年，往往伴隨著認知功能不全的問題。認知功能不全的少年比起進入服務業，傾向選擇在工地做工，從事肉體勞動的粗活。然而這樣的工作其實考驗著身體的協調性，因此動作笨拙的他們依舊難以勝任，工作也無法持久，導致生活無以為繼。穩定的工作是預防犯罪不可或缺的要素。動作笨拙會直接影響就業，提高走回頭路的風險。

大家都看得出來動作笨拙

關於動作笨拙，有一個概念名為「發展協調障礙」（Developmental Coordination Disorder, DCD）。

「協調」指的是協調動作的能力。例如：洗碗其實是一種協調運動。因為需要一隻手握住海綿刷洗，另一隻手抓緊碗以免掉落，控制雙手同時進行不同的動作需要高度的協調能力。這些兒童動作笨拙是出於發展協調障礙，難以進行粗動作（大動作）與精細動作（指尖的動作）。據說，**五到十一歲的兒童中有發展協調障礙者占六%。**

發展協調障礙導致這些兒童無法順利執行日常生活所需行為，舉凡綁鞋帶、扣釦子等自理生活所需的重要行為，以及寫字、使用剪刀、摺紙、演奏樂器等創作相關的活動，都屬於運用指尖的精細動作。動作笨拙不僅造成運動表現不佳，還可能影響生活自理與創作活動。以往認為發展協調障礙會隨著年齡而消失，研究報告卻指出許多案例進入青春期依舊如故。

另一方面，動作笨拙無法掩飾。就算數學只考了三十分，把考卷藏好就誰也看不到分數。但體育課或運動會等場合便無法掩飾動作不協調了。他們做不來整齊劃一的跳舞等必須配合他人的運動，老是扯大家的後腿，成為眾人指責的對象。這種情況可能造成他們失去自信或遭到霸凌。發展障礙或智能障礙的兒童往往具備發展協調障礙，醫療少年院的少年也不例外。

動作笨拙的特徵與背景

動作笨拙的兒童特徵如下：

- 不會控制力道。
- 經常破壞物品。
- 無法分辨左右。
- 姿勢不良。
- 坐不住。

以開車為例，「不會控制力道」與「經常破壞物品」相當於踩了油門卻不知道車子跑多快、轉動方向盤時不知道車子轉彎的角度多大。換句話說，無法正確掌握自己的「身體基模」（Body Schema）[06]。

「無法分辨左右」則代表不擅長模仿。社會大眾往往誤以為，聽到舉右手的命令能立刻舉起右手，代表懂得分辨左右。其實，當老師沉默地舉起右手，命令學生模仿時能立刻舉起右手，才是真正明白左右的概念。無法把對方的身體基模轉換到自己身上，稱不上能分辨左右。

「姿勢不良」有時是因為調節肌肉的功能出了問題。例如：肌肉收縮能力不良導致關節無法直立，只能腆著肚子站，無法站得筆挺；肌肉過度僵硬而失去柔軟度，導致動作像機器人一樣僵硬。

「坐不住」正是因為姿勢不良。坐不住便無法進行需要運用到指尖的精細動作，因此他們的手指也不靈活。

坐不住會影響學習效果，不會控制力道則會影響人際關係。由此可知，這些兒童無論是教育、社交還是身體方面都需要援助。

06

身體基模（Body Schema）：個體對於自己所形成的三度空間心像，來自於個體對身體的姿勢、移動、位置的認知。

第4章

気づかれない子どもたち

無人注意的兒童

兒童發出的求救訊號

令學校老師頭大的問題兒童林林總總。我目前除了任教於立命館大學，也擔任幼稚園與國中小的學校顧問、教育諮詢、發展諮詢，工作時遇到的學童狀態無法一概而論，混合了發展遲緩、學習遲緩、發展障礙、自殘、暴力行為、霸凌、拒絕上學、非行、父母教養不當等課題，情況複雜。

諮詢時經常遇到以下行為與特徵：

・拙於控制情緒，容易發怒。
・怪罪他人。
・不擅與人溝通。
・坐不住。
・無法融入團體行動。
・動作不協調。

- 經常丟三落四。
- 注意力不集中。
- 無心學習。
- 拒絕做不想做的事或逃避討厭的事物。
- 說謊。
- 缺乏自信。
- 聽不到老師的提醒和警告。
- 無法配合當下情況應對。
- 記不得國字。
- 不擅長算術。

我在這些特徵中發現一個共通點。

進入少年院等矯正機構的少年，於少年鑑別所與家事法庭接受徹底調查，調查結果彙整成一本厚厚的調查報告，在少年來到少年院時一併送來。調查報告中詳細記載少年的犯罪經緯、家庭背景、成長史、國中小就學情況、從小到大的非行行為、在兒童安置機構時的情況、身體健康檢查、醫師面談結果、心理調查結果、在少年鑑別所寫的作文等等。我在醫療少年院任職時也認真彙整新生的調查報告，用心閱讀。

成長史中記載了他們小學時的生活情況，其中出現許多前述的特徵。換句話說，這些特徵不僅發生在一般學校的問題兒童身上，也出現在進入少年院的少年小學時代。

進入少年院工作之前，我以為少年院的少年們成長過程格外艱辛。他們有些的確經歷了受虐、家人施暴、父母入獄、雙親離婚等困境，然而共通的並非經歷，而是前述的特徵。來到醫療少年院工作時，我更進一步發現這群少年其實並不特別，早在國中小階段便不斷發出「求救訊號」。

求救訊號始於小學2年級

從成長史的記述可知，少年們多半從小學二年級開始出現前述的特徵，其他特徵還包括跟不上學業、經常遲到、沒做功課、對同學動手、順手牽羊等等。出現這些特徵可能是因為兒童有智能障礙或發展障礙，或是家長教育不當和虐待。

這些兒童急需幫助，其中部分兒童遭到朋友輕視或霸凌，家長和老師也誤以為他們是**「麻煩又沒救的孩子」**，從未發現真正的原因，認為只是單純的問題兒童，導致情況愈來愈嚴重。在校期間還可能有大人關心，畢業之後便遠離援助制度。出社會之後的援助制度需要當事人有自覺才會去申請，他們卻並未察覺自己其實需要援助。結果工作無法持久、人際關係受挫，最後繭居家中，或犯法坐牢，遭到社會遺忘。

我曾在少年院與一名十六歲的少年面談。他國中畢業之後就出社會工作，因為強制猥褻女童而遭到逮捕，來到少年院。我問他出少年院之後是否計畫升學，他這麼回答：

「念書只會讓我覺得煩躁。爸媽要我上高中，逼我去補習班，我根本就跟不上，累積了一堆壓力，搞得生活亂七八糟。我從小就不會念書，課業逼得我很煩躁，才跑去做壞事。如果我從小就接受特殊教育，應該不會累積這麼多壓力。要是申請得到療育手冊[07]，我也想申請。」

我並未告訴他關於療育手冊或特殊教育等資源，他早已自行發現其必要性，主張自己的需求，但身邊的大人卻從未了解他的情況。倘若他從小學開始接受特殊教育，或許就不會來到少年院，也不會成為加害人了。

監護人也從未察覺

必須與監護人接觸的專家、學校老師，都深知讓監護人了解自己的孩子所面臨的艱難是一件多麼困難的事。

我對學校老師演講的問答時間，一定會出現這種提問：

「我該如何面對拒絕了解子女問題的家長呢？」

這是所有援助兒童的人都會面臨的問題，卻又缺乏確切的解決方式，因此屢屢有人提問。由此可知，促使監護人了解兒童問題正是如此困難。

07―療育手冊：類似臺灣的身心障礙手冊。

我曾經與少年殺人犯的監護人面談。少年殺害的是霸凌自己的人，監護人絲毫不認為兒子有錯，也從未對被害人遺屬道歉或表達哀悼之意，反而大發雷霆，指責對方家長：

「都是你家小孩欺負我家兒子，他才會還手。我從以前就教他『以牙還牙，以眼還眼』。」

就連自己的孩子殺人了，仍不願了解和接納孩子的問題，更遑論見微知著、未雨綢繆，發生小事便尋求專家的意見幾乎是不可能的事。

社會也從未察覺

這些有障礙的少年離開少年院後，即使有心認真工作，輔導人員也找來了解非行少年的公司提供就業機會，然而少年多半只會待上一個月，最長三個月。儘管有心，卻待不久。

待不久的原因如同第三章所述：認知功能不全、缺乏社交技巧、動作笨拙。這些原因引發種種問題：做不好也記不得交付的工作、無法建立良好的人際關係、屢屢遲到。雇主缺乏發展障礙或智能障礙的相關知識，於是責罵少年。少年挨罵久了也覺得心裡不好受，便辭去工作。

工作做不久，自然手頭拮据。由於沒錢還想玩，結果犯下偷竊等能輕鬆取得金錢的罪行。我把這種情況稱為「四次障礙」，一次障礙到四次障礙的說明如下：

1次障礙：障礙本身。

2次障礙：周遭的人缺乏障礙相關知識，無法獲得學校等處的援助。

3次障礙：成為非行少年進入少年院依舊無法獲得諒解，由於指導嚴格而情況惡化。

4次障礙：出社會後更無法獲得諒解，又受到歧視，工作無法持續而再度出現偏差行為。

上述的四次障礙，不時出現在書中前前後後的各種例子當中，可以說貫穿了這些少年們艱辛的一生。

「倒數5名」的學童

究竟有多少孩子需要特殊教育卻又不為人知呢？

目前認定智能障礙的標準是「智商未滿七十」，有任何障礙問題也能確診。智能障礙的定義是由美國主導。美國精神醫學會（American Psychiatric Association）制訂的《精神疾病診斷與統計手冊 第5版》（*The fifth edition of the Diagnostic and Statistical Manual of Mental Disorders, DSM-5*）其實在智能障礙中取消了智商指數，醫療或社福機構卻依舊採用。

目前採用的智能障礙標準「智商未滿七十」始於一九七〇年代，一九五〇年代曾經以「智商未滿八十五」為標準。智商七十到八十四目前屬於臨界智能障礙。

倘若以智商未滿八十五為標準，智能障礙者的人口比例高達總人口的一六%。由於人數過多且不符合援助第一線的實況，於是將標準下修至未滿七十。

我希望大家留意智能障礙的標準儘管因時代而異，智商介於七十到八十四的兒童，也就是所謂臨界智能障礙的兒童依舊存在。

這群孩子和智能障礙的兒童一樣生活得很辛苦，也可能需要援助。依照智能的常態分布計算，臨界智能障礙兒童的人口比例約為一四%。換句話說，**若一個班級三十五人，相當於一個班上有五名學童是臨界智能障礙。班上倒數五名的學生極可能是過往定義的智能障礙。**事情當然不見得如此單純，然而目前校園裡的確可能有許多倒數五名的孩子發出各式各樣的求救訊號，只是無人發現。

無法確診病名的孩子

普通班級裡可能有注意力不足過動症、自閉症光譜障礙、學習障礙（Learning disabilities, LD）的兒童。確診的兒童至少容易獲得他人的諒解，然而班上倒數五名的學生明明有問題卻無法確診。這是因為，這群兒童就算前往醫院接受形形色色的檢查，醫師只要知道其智商在七十以上，一律回答：

「智能發展沒有問題，先觀察一陣子吧！」

於是就這樣錯失了接受援助的機會。

其實，智能障礙原本就不是醫院治療的對象。許多檢查不見得能發現輕度智能障礙，因此極少確診。根據內閣府提出的二〇一八年版《障礙者白皮書》，全日本的智能障礙者約一百零八萬人，二〇一三年則是五十四萬七千人，五年之間居然增加了一倍。

智能障礙人士不可能突然急速增加。人數的差距代表這五年來智能障礙的認知普及，取得療育手冊的人數增加。反之，仍有許多有待援助的智能障礙人士不為人知。臨界智能障礙更是難以察覺，一般無法前往醫院接受正確的診斷與援助，醫師與護理師也不見得能提出具體的支援辦法，因此這群孩子依舊陷於困境。

可能成為非行少年的孩子

正如本章開頭所述，我目前也擔任學校顧問與從事教育諮詢的工作。學校顧問的工作是，請學校提出需要援助的兒童案例，由我和教師一同討論如何同理與應對；教育諮詢的工作則是，請不擅長念書或人際關係有問題的兒童和監護人一起到校，向我諮詢。透過這些工作遇到許多案例，正如前所述，少數案例與非行少年在小學時出現的特徵十分類似。換句話說，部分問題兒童也潛在著成為非行少年的風險。

我擔任顧問的學校遇到此類案例時，我和教師可以一起討論如何對學童伸出援手，但實際上，更多學校可能出現類似的學童卻根本沒人發現。

無人察覺所以遭到警察逮捕

小學時錯失發現這些問題的時機，升上國中就更難解決了。小學生就算累積壓力而使學業落後，也能靠老師幫忙而畢業，國中生可就不見得了。

首先是升上國一時遭逢環境的劇烈變化，造成巨大的壓力。青春期的少年少女本身就已經處於不穩定的狀況，還要應付段考、學長姐學弟妹的關係、社團活動、談戀愛等等；和父母的關係則是反覆抵抗與依賴的循環。其實只要家長願意接受子女，情況會漸趨穩定。

需要援助的兒童難以自行應付這些變化，因而不斷累積壓力。持續累積壓力的第一個反應是拒絕上學，或者到了學校因為精力無處發洩而對教師施暴、破壞公物、和壞朋友成群結黨、夜晚在外遊蕩、抽菸、偷竊腳踏車等等，偏差行為層出不窮。校方不知該拿這些孩子怎麼辦，最後由警方輔導或逮捕。因此關鍵是在小學時期發現求救訊號與及早應對。

那麼，這群兒童長大成人之後又是如何呢？

正如前面章節反覆提到，在校期間或許還有老師關心，出社會之後就再也沒有人理會他們了。面對嚴峻的社會現實，他們在職場上屢屢犯錯而引人矚目，無法建立良好的人際關係，輾轉於不同公司或辭職繭居家中、罹患憂鬱症，最糟的情況是坐牢。下一章會詳細介紹這群遭人遺忘的成年人。

第5章

忘れられた人々
遭到遺忘的一群人

行為無人理解的一群人

近年來大眾媒體報導的許多事件都令人不禁心生疑惑：「怎麼年紀一大把了還做出這種事情？」

令我印象最深刻的是，二〇一四年的神戶長田區國小一年級女童命案（神戶長田區小一女童殺害事件）。女童下課後去朋友家的路上失蹤，最後在附近的樹林找到塞在塑膠袋裡的遺體。

一般人想像中的罪犯，會為了避免遭人發覺，行事小心翼翼。然而此事件的棄屍用塑膠袋裡，居然發現菸蒂與寫有犯人名字的掛號卡。正常的兇手怎麼可能把寫著自己名字的掛號卡丟進棄屍的塑膠袋裡呢？我覺得非常不可置信，怎麼會犯下這種馬上就被發現的錯誤？

該嫌犯隸屬陸上自衛隊，具備大型車輛與重機械等駕照，代表他有一定的能力。我原本以為他是不可理喻的瘋子。

然而，當我知道他持有療育手冊（輕度智能障礙），頓時明白所有奇妙行為的意義。智能障礙者不擅長考慮行為的後果，難以設想自己的行動會導致何種結果，特別是趕時間時更容易衝動行事。他一定沒想到把掛號卡丟進去會導致罪行遭人發覺。由行為設想可能產生何種後果的推理能力是一種深度思考，也可說是先行考慮未來好幾步的預想能力。智能障礙者無法進行此類的深度思考，不擅長展望未來。

關於智能障礙者，一般社會大眾經常誤以為周遭的人一定會發現並伸出援手。其實，輕度智能障礙者在日常生活上與一般人並無明顯差異，像此件命案的兇手進得了陸上自衛隊，也考取大型車輛與重機械等駕照。**輕度智能障礙者、臨界智能障礙者的平常生活，往往與一般人無異，也無人察覺其障礙。**等到出事了，眾人才驚呼：「怎麼有人做得出這種事？」

過去「輕度智能障礙者」的人數比例高達14%?

社會上究竟存在多少這些旁人難以理解的輕度智能障礙者呢?

如同前一章所述,目前智能障礙的定義是「智商未滿七十」。根據這項定義,約二%的人口屬於智能障礙。然而,若採用一九五〇年代的標準「智商未滿八十五」,比例頓時暴增至一六%。二者相差一四%,也就是過往認定為輕度智能障礙、智商七十到八十五者的比例。儘管最新的《精神疾病診斷與統計手冊 第5版》取消了智商的數值規範,一般咸認智商未滿一百者在社會上難以生存,未滿八十五的人應該相當辛苦。

他們的生活艱辛,也不會主動求助,又並未認定為障礙者,因此難以獲得援助,活得更辛苦。例如工作一換再換、繭居家中、因為一點小事而捲入事件。

成年後便遭到遺忘的一群麻煩人

美國智能及發展障礙協會（American Association on Intellectual and Developmental Disabilities, AAIDD）出版的《智能障礙：定義、分類和支持系統》（*Mental retardation: Definition, classification, and systems of supports*）第十一版第十二章記載「智商程度較高的智能障礙者所需的援助」，援助對象正是「遭到遺忘的一群人」。八〇％至九〇％的智能障礙者智商水準較高，難與一般人區別。

「輕度」智能障礙與「臨界」智能障礙這樣的用語容易招致誤解，以為僅需少數援助。儘管他們其實需要大量援助，卻因為無法與一般人區分而被安排執行標準嚴格的工作，失敗時受到斥責，以為錯都在己。另一方面，當事人也表示自己很「普通」，因此即使工作屢屢失敗，仍無法獲得援助甚至拒絕援助。

該書還列舉其他特徵：

・所得少、貧困比例高、受雇率低。
・多為單親。
・不易考取駕照。
・營養失調、肥胖比例高。
・不易結交朋友與維持友誼，容易陷入孤立。
・缺乏援助時容易出現偏差行為。

書中提到，儘管如此，「研究文獻很少提及」這群人，簡直是「遭到社會遺忘」。

與正常人難以區分

智能障礙者平常與一般人幾乎毫無差異，尤其是輕度智能障礙者和臨界智能障礙者的日常溝通無礙，有時根本搞不清楚究竟有何障礙。

他們與正常人的差異出現於生活中發生問題時。遭遇不同於平常或第一次遇上的情況，不知該如何是好、無法靈活應對。臨機應變並非他們的強項。

舉例來說：平常搭的電車遇上車撞人的意外而停駛。此時，智能障礙者不會尋找其他路線以抵達目的地，而是陷入恐慌、堅持搭同一班電車，或是人云亦云、隨波逐流。發生問題時臨機應變是聰明的表現，這卻是智能障礙者的弱項。正是因為日常生活中難以輕易分辨智能障礙者與一般人，這群需要援助的人才會遭到遺忘。

對於「輕度」的誤解

智能障礙的程度大致上分為「輕度」「中度」「重度」「極重度」，其中又以輕度者占整體的八〇%以上。**所謂的智能障礙者多半是輕度，但輕度並不代表所需的援助少於中度或重度，反而更因為輕度與常人難以分辨，容易遭到忽略。**一般人聽到輕度便以為不甚需要援助，當事人也裝作一般人的模樣，拒絕援助，因而錯失接受援助的機會。

然而，殘酷的是，輕度智能障礙者平常卻被社會大眾視為「麻煩的一群人」而遭到攻擊或壓榨，經常面臨各種困難。更有甚者，儘管本人並無此意，卻容易捲入反社會的行動。我在任職的少年院見過許多此類少年。

智能障礙可能是施虐的原因

近年來，警方接獲通報的虐待事件急速增加，二〇一七年超過十三萬件。通報並不一定就是虐待，其中也有不算虐待或疑似虐待但還不到需要保護安置的程度，十三萬件通報案件並非全部都是虐待。

接獲通報，立刻找到受虐兒童並加以保護的確重要，然而受虐兒實際離開家庭前往安置設施的比例不過一〇%而已。換句話說，九〇%的受虐兒會回到父母身邊。另外，進入安置設施的受虐兒也總有一天必須回到原生家庭。因此，解決辦法不單單是保護兒童，關鍵是改善父母的情況，避免再度施虐。

會對子女施虐的父母往往一本正經、認定凡事都有規矩、既有觀念深植腦海、不願暴露自己的弱點、無法與他人商量煩惱、不擅交際、有經濟困難等等。看到這些特徵是否覺得似曾相識呢？其實這些特徵與輕度智能障礙者、臨界智能障礙者十分相似。

育兒是由一連串的意外所組成。面對無法預測的情況，智能障礙的家長可能會陷入恐慌、儘管嬰兒反抗也無法改變照顧方法，甚至放棄育兒而逃走。我感覺，**施虐的家長當中不少人有智能障礙卻無人發現，不斷發出求救訊號。**

儘管如此，也不可能鑑定施虐家長的智商，當中甚至不乏高學歷者。智商與虐待的關係僅是我個人的推測。倘若這些家長可能有智能障礙，預防施虐的方法除了給予心理與社會層面的援助以促進家庭重整，還必須從生物學的觀點，也就是針對父母的能力層面提供援助。

本應受到保護的障礙者變成罪犯

負責援助智能障礙者與發展障礙者的相關人士為了保護他們，必須在各方面下足許多工夫。

智能障礙者與發展障礙者容易受到傷害。他們經常失敗，難以培養自信。因此負責援助的相關人士為了避免傷害他們的心靈，開口前會格外注意用字遣詞，每天費盡心力就是希望為他們建立起一絲絲信心。

那麼，倘若這群需要細心保護的障礙者，聽到傷害自己心靈的話語，又會出現何種情況呢？他們的心靈如同玻璃般纖細脆弱，可能馬上就灰心氣餒，一蹶不振。事實上，無論是在學校裡或是職場上，都無人發現這群人容易喪氣失志、需要細心對待。

我所任職的醫療少年院，正是這樣的障礙兒童齊聚一堂。這群孩子，本來應該在眾人的呵護與珍惜之下茁壯成長，實際上他們遭遇的情況卻相當殘酷：在家中遭受監護人虐待；在校園被師長忽視，無法獲得適當的援助，甚至遭到同儕霸凌。他們不僅遭到傷害而成為被害人，甚至可能會淪為罪犯，轉為加害人（或稱為觸法障礙者）。

可想而知，這群孩子長大後出了社會，情況只會更加嚴重。畢竟職場不像學校，還可能得到老師的關心。當他們無法適應嚴苛的社會，便開始繭居家中、身心罹病，甚至成為加害人。

監獄裡也有許多遭到遺忘的人

違反《政治資金規正法》而曾在栃木縣黑羽監獄服刑的前眾議院議員山本讓司，在其著作《獄窗記》（新潮文庫）詳細記述「遭到遺忘的人」。山本入獄之前原本以為監獄裡都是罪大惡極的重刑犯，然而實際映入眼簾的卻是大量的身心障礙受刑人。

我想監獄中也有相當比例的受刑人是輕度智能障礙者或臨界智能障礙者。法務省的矯正統計表顯示，二〇一七年進入監獄服刑的一萬九千三百三十六名受刑人當中，三千八百七十九人的CAPAS（Correctional Association Psychological Assessment Series）[08]檢測結果在六十九以下。換句話說，約二〇%的受刑人是智能障礙者。其

08 CAPAS（Correctional Association Psychological Assessment Series）：日本財團法人矯正協會開發的檢測，類似智力測驗。

中，輕度智能障礙者（CAPAS結果為五十到六十九）約一七%，臨界智能障礙者約三四%（CAPAS結果為七十到七十九者與八十到八十九者的半數總和）。由矯正統計表可知，**監獄中的輕度智能障礙者與臨界智能障礙者二者比例相加約為五〇%**。一般社會中，輕度智能障礙者與臨界智能障礙者占總人口的一五%到一六%。由此可知，將近五〇%代表比例相當高。

然而這項統計遭到批評，結果法務省的法務總合研究所於二〇一四年發行的〈法務總合研究所研究部報告52〉宣稱智能障礙者僅二．四%，與法務省矯正統計表的約二〇%，相差將近八倍。

二者差異為何如此龐大？這是因為矯正統計表使用矯正協會開發的CAPAS作為計算智商的方法。而CAPAS與魏氏成人智力量表（WAIS：最具代表性的智力檢查，是確認智能障礙不可或缺的方法）二者雖有一定程度的關聯，前者卻有年齡校正不充分等數項缺點。高齡者容易數值偏低，再度服刑者多半不願意接受檢測，因此智能障礙的認定標準較為寬鬆。然而，真能因此就認定監獄中的智能障礙者比例僅為二・四％嗎？

法務總合研究所於二〇一四年公布的調查，究竟是如何計算智能障礙受刑人的人數呢？翻開報告發現，是由監獄職員記錄實際智能障礙或疑似智能障礙的受刑人人數。部分受刑人接受過醫師診斷；部分則是接受CAPAS檢測為疑似智能障礙，需要再度確認卻尚未獲得醫師認定。

換句話說，法務總合研究所的報告是由監獄職員認定受刑人是否為智能障礙者，因此出現二個問題：一是，CAPAS結果認定為沒問題的受刑人可能並未接受進一步的檢測；二是，並未檢測臨界智能障礙者。這種做法根本無法掌握受刑人的實際狀況。倘若CAPAS的結果高於實際智商，代表實際智商為六十五者的CAPAS成績可能是八十，因此排除於智能障礙者之外。

少年院裡遭到遺忘的少年

關於前述的問題，我在過去任職的少年院也遇過「智力測驗的成績可能優於實際智商」的情況。

某位少年接受集體測驗的結果是八十以上，認定並非智能障礙。然而他在少年院屢屢出現偏差行為，每次都為了他惹出麻煩而開會討論，多次處罰他關禁閉。

後來少年院委託我為他做精神方面的檢查，施測多項課題之後發現，他不會簡單的算術與臨摹簡單的圖形。由於懷疑他的認知功能，於是進一步施測魏氏成人智力量表，這時才發現智商僅六十多。這名少年離開少年院後，進入援助智能障礙者的設施。

這只是其中一個例子，我還遇過許多集體測驗結果明顯高於實際智商的少年。

於是我詢問少年鑑別所的心理技官[09]，對方表示無暇對所有少年施測結果較為準確的魏氏成人智力量表，而且對於集體測驗結果認定為非智能障礙者也不會做進一步的檢查。

這項做法意味著恐怖的結果——一旦少年鑑別所認定「沒有智能障礙」，負責指導少年的法務教官便以此為指導標準，不會任意改變。於是這些明明是智能障礙的少年發生問題時，待遇與一般健全少年同等嚴苛。其實他們引發問題時，部分教官甚至會指責「狡猾」「生性愛反駁」「沒幹勁」「只是在演戲」「不過是想引人注意」，教人不敢相信這是出自非行少年專家口中的話。

智能障礙少年無法理解自己為何遭受如此嚴格的對待，於是一而再、再而三地出現動粗等偏差行為。每當出現偏差行為，少年院便處以關個人房反省或延後出院時間等處罰。這些處罰更加刺激他們動粗，陷入反覆動粗與遭到處罰的惡性循

09—　少年鑑別所的心理技官負責與少年面談、進行心理測驗，鑑定其智能與性格等特徵，調查非行原因。鑑定調查結果為日後矯正教育的標準。

環。重複幾次惡性循環後，找來精神科醫師處方精神科藥物，抑制少年的情緒，好服從教官的指示。藥物不見效就增加劑量，部分少年離開少年院時淪為沒有精神科藥物便無法生活的患者。

遭遇嚴格對待的智能障礙少年，原本便心靈脆弱，許多人因此出現類似憂鬱症的狀況，罹患精神疾病，服用精神科醫師處方的藥物。**服用原本不需要的藥物，出院後必須前往原本不需要看的精神科回診——淪落到這種地步，都是我們這些大人害的。**

被害人成為加害人

我長年負責少年性侵犯的預防再犯治療課程。許多學者認為少年性侵犯多半童年時遭受性侵，而我所負責的少年性侵犯卻不見得如此。也許是當事人沒告訴我曾經遭受性侵，不過比起性侵，霸凌受害者的人數更多。九五%的少年都曾經歷嚴重的霸凌，第三章也提到，霸凌造成的壓力導致他們把性侵女童當作紓解的手段。

倘若這群少年的障礙十分明顯，周遭的人或許會伸出援手，避免他們遭受霸凌。這群無人察覺障礙的少年跟不上課業、交不到朋友、做不來運動，遭到霸凌的風險高。遭到霸凌之後則去尋找更弱勢的對象，藉由一而再、再而三的性侵以紓解壓力。這正是被害人反而成為加害人，又造成新的被害人。

第6章

褒める教育だけでは問題は解決しない

單憑讚美無法解決任何問題

讚美教育真的能改善現況嗎？

本章考察現今學校執行的學童援助是否真的有效。

校園中存在許多需要援助的學童，需要援助的原因不一。正如前述，目前我擔任多所國中小學的學校顧問，提供諮詢服務。校方提出需要援助的學童案例，由我和大家一起思考如何伸出援手。

具體步驟如下：首先請該名學童的導師發表諮詢的案例，所有與會者分組提出問題，深入了解該名學童，最後由各小組討論該如何援助並發表提案。

每次提案必定會聽到的建議是：「尋找學童的優點加以讚美。」所謂的「讚美法」是想辦法找出需要援助的學童優點加以誇獎：小事誇獎、指派任務若做得好再誇獎，總而言之就是「瘋狂讚美」。我每次聽到這種建議總是心想「又來了」。

我當然不是要否定讚美的效果。其實聽到這種建議，表情最尷尬的就是提出案例的老師，臉上寫著「這種方法不用你說，我也知道」幾個大字，只是大家給出這番建議，不方便正面反駁。這種方法通常導師早就試過了，正是因為試了很多次都沒用，才會不知所措。

通常案例兒童既不會念書，也不擅長運動，又缺乏社交技巧，老師想誇獎還找不到地方讚美，結果硬是稱讚一般人不會誇獎的地方。這種做法真的能解決問題嗎？

這類學生老是惹麻煩，教師也習慣注意他們是否又犯了什麼錯。一開始他們或許會因為受到誇獎而雀躍好轉，然而改善的情況卻無法持久。因為不打從根本解決問題，馬上就會恢復原狀。

少年院中也有類似的情況。部分少年一挨教官罵，便哭著找藉口：「我這個人要誇獎才會成長。」相信家長從小就這麼對他們說，結果小孩卻進了少年院。

另一項出現機率頻繁的建議是「聆聽」。聆聽對於接納兒童、安撫情緒十分見效，卻也不是根本的解決辦法，總有一天會失去效果。

因此，就長遠的眼光來看，**「誇獎」與「聆聽」只能應付當下，反而是延後解決問題的時機。**

例如：對於書念不來而失去自信、心情煩躁的兒童誇獎「跑步跑好快喔」；對於課業成績低落一事表示同理，安慰學童「功課不好很煩吧」……這些做法都無法改變孩子不擅長念書的事實。真正的解決辦法是直接提供課業輔導，讓兒童學會如何念書。

小學生還能靠誇獎與聆聽跨越困境，升上國高中或出了社會表現更不佳時，抱怨「都沒人誇獎我」「沒人願意聽我說話」無法解決任何問題。

「這個孩子缺乏自尊」的老套說法

校方諮詢中有一個步驟是加深對案例學童的理解。此時必定會出場的另一個老套說法是：

「這個孩子缺乏自尊。」

我至今出席的所有案例討論會，提到需要援助的兒童時必定會聽到這句話。少年鑑別所的少年調查報告中，也一定會看到心理技官寫著「該少年缺乏自尊」這樣的記述。

我一直覺得這句話很奇怪。首先是，這些經常惹是生非的問題兒童從小挨父母或老師的罵到大，自然不可能充滿自信，缺乏自尊是理所當然的，用這句話描述他們一定不會出錯。

再來是，缺乏自尊真的是問題所在嗎？反觀成年人的情況又是如何呢？難道每個正常的成年人都是高自尊嗎？

在職場上遇到挫折，喪失自信時，自然自尊心低；工作順利，獲得社會地位時，自然自尊心強。許多人由於環境影響，無法在工作上發揮能力、建立良好的職場人際關係，或者家庭狀態不如期望，因而失去自信、自尊心低落。儘管如此，大多數人並不會因此走上歧路或出現偏差行為。換句話說，低自尊不是無法適應社會的理由。

此外，自尊心強的人重視自我，反而容易遭人誤會是自戀狂。就連大人都無法時時刻刻保持強大的自尊心，更何況是孩子？所以兒童低自尊代表有問題的說法其實很矛盾。

問題不在於自尊心的強弱，而是自尊與實際情況是否吻合。什麼都做不來卻自信勃勃，什麼都很拿手卻缺乏自信——**無法客觀看待自己才是問題所在。**

提出「這孩子缺乏自尊」之後，通常是以「需要協助少年提升自尊心」作結。

每次看到這番記述，我總想反問寫下這句話的心理技官：

「難道你的自尊心就很強嗎？」

自尊心不需要勉強提升，低自尊也無所謂。這群少年需要的是接受真實自我的強大心靈。希望大家以後不要再用缺乏自尊這句話來形容他們了。

忽略學科以外的教育

除去對於監護人的援助，兒童所需的援助可分為三大方向：

①學習（認知）
②身體（動作）
③社會（人際關係等）

我演講時，偶爾會對參加的學校教師這麼提問：

「各位老師覺得學習、身體、社會這三項援助中，最重要且希望孩子一定要學會的是哪一項呢？」

幾乎所有教師的答案都是「社會」。於是我又提出下一個問題：

「那麼，學校教育針對各位老師認為最重要的社會援助，提供了任何系統性的教育嗎？」

對於這項提問，幾乎所有教師的答案都是「沒有」，部分教師表示「會在學生之間發生衝突時指導」。

我希望大家聽到這個回答時，仔細思考一個問題：國語、數學、自然、社會等學科都有專用的上課時間，而道德[10]一星期只有一堂課。但道德課的內容就是社會援助嗎？答案是否定的。「學生之間發生衝突時指導」只是恰巧需要社會援助而出

10—道德：類似臺灣小學的生活課。

現的過程罷了。換句話說，**目前校園完全缺乏系統性的社會教育。**這是非常嚴重的問題。

社會層面的援助是讓孩子學習如何在社會上生活，包括社交技巧、情緒控管、待人禮節、問題解決能力。缺少任何一項能力，日常生活便會發生困難。

我無法理解為何學校課程從未系統性地安排最重要的社會援助。因為學校教育缺乏社會面向的教育，我們才必須從零開始教導來到少年院的少年。

面對易怒的少年，必須教導控制情緒的方法；對於不懂如何請教、打招呼、表達謝意的少年，則必須從頭開始教導基本禮儀。一般兒童可以透過團體生活習得這些社會技巧；發展障礙與智能障礙的兒童則難以在生活中自然領悟，必須接受系統性的教育。學不會社會技巧的結果是引發許多問題行為，提升成為非行少年的風險。

協助建立所有學習基礎的認知功能

我目前在某市負責教育諮詢，許多母親帶著功課跟不上、上課無法專心、記不得國字、不會抄板書、不擅長算術的孩子來找我面談，以小學二年級至三年級的學生居多。

面談分為三次。前二次由心理師進行兒童發展檢查與聽取監護人說明兒童的成長史。前者主要是施測魏氏兒童智力量表確認智商，同時施測心理測驗以掌握智能程度；後者則是向母親確認成長過程中是否出現疑似發展障礙的情況。

這些母親畢竟是擔心自己的子女而特意前來諮詢，因此檢查時都會發現兒童的課題。而也一如我所預料，以臨界智能障礙與能力程度不均的情況居多。此時我會使用第七章介紹的**「認知功能強化訓練」（Cognitive Training, COG-TR）**的練習表單，測試兒童的能力：

- **臨摹──「連連看」**：臨摹用點連成的圖。
- **尋找──「尋找形狀」**：從點與點中找到排列成正三角形者，再連起來。
- **數數──「彙整」**：大量星星任意排列，每五個圈在一起。

這些記不得國字、不會抄板書、不擅長算術的孩子，在每一種練習表單都表現不佳。

看著簡單的圖形卻無法正確臨摹的孩子不可能記得國字。國字比起表單上畫的圖形要難多了。國字沒有點與點引導兒童連結，形狀更是扭曲複雜。缺乏「認知形狀的能力」，導致這些孩子記不得國字。

無法從點與點之間找到正三角形，代表缺乏認識形狀的「形狀恆常性」（Shape Constancy）[11]，一旦改變位置或大小，便無法分辨該形狀。欠缺這種能力的兒童看著寫在黑板上大大的字，卻無法縮小抄寫在自己的筆記本上。無法將每五個星星圈在一起，則代表缺乏進位計算所需的「把數字看作數量的能力」，因此不擅長算術。缺乏臨摹、尋找、數數等基礎認知功能，自然跟不上課業。

然而，絕大多數的學校教師，對於記不得國字的學生，只會要求他們不斷抄寫練習；對於不會算術的學生，便命令他們一直寫練習題……也就是逼著這些孩子做自己不擅長的事。但最根本的問題在於，學習算術和國字之前，必須具備抄寫與數數的基本能力。若不先協助他們建立穩固的基礎，淨是一味地逼迫學習，只是平添兒童的煩惱而已。

回答國語的解讀問題之前，必須具備閱讀國字的能力；回答數學的面積計算等圖形問題之前，必須具備加減乘除的計算能力。看不懂國字，也不會四則運算的孩子，長期下來一直被迫練習解讀與計算面積，自然而然會愈來愈討厭念書。強

11　形狀恆常性（Shape Constancy）：對於熟悉物體的形狀知覺，不會因其所處位置與環境的不同而改變知覺經驗。

迫認知功能不全的兒童學習國字與算術，正是將他們逼到困境，而且只會適得其反，造成更糟糕的結果。

如同前面章節不斷強調，正式上課之前，應當評估孩子的基本認知功能，針對認知功能不全的兒童進行適當的訓練，然而目前學校卻缺乏此類的系統性援助。

來到少年院的少年也是一樣，既不會臨摹簡單的圖形，更不會複誦簡短的文章。這樣的孩子在國中小階段，就是這麼被迫學習困難的課程，當然發生跟不上課業、討厭念書的情況，導致他們喪失自信與拒絕上學，逐漸產生偏差行為，進而成為非行少年。

醫療與心理學無法拯救的問題

醫療領域針對發展障礙的援助十分蓬勃。我過往任職的公立精神科醫院發展障礙門診，從預約到實際看診必須等待四年。然而病童的情況在四年間必然產生劇烈變化，根本無法立刻提供所需援助。家長卻往往認為，等上四年才能就診代表患者人數眾多，想必已經發展出卓越的療法。實際情況是，醫師因為過度繁忙，能做的事只有診斷、訂定治療方針、處方藥物，面對接踵而來的患者，撥不出時間進行具體的訓練。

前來醫院就診的發展障礙病童中，又以自閉症光譜障礙與注意力不足過動症居多。醫師非常擅長於診斷與處方藥物來解決這些病童的問題，例如：當病童的過動情況與缺乏注意力程度影響到日常生活時，醫生便會處方一種名為「派醋甲酯」

（Methylphenidate, MPH）[12]的中樞神經興奮劑。效果雖然因人而異，但能有效抑制過動與注意力不集中的問題。

另一方面，同屬發展障礙的學習障礙，以及輕度智能障礙、臨界智能障礙的兒童，卻極少因此前往醫院就診。此類兒童的問題通常被視為不會讀書，屬於教育的課題，而非交由醫療機關治療的疾病。

我在初診必須等上四年的醫院工作了五年以上，幾乎沒見過家長帶著學習障礙、輕度智能障礙、臨界智能障礙的子女前來就醫，來看病的小學生更是稀少。就算遇上此類病童，看診的理由也不是學習挫折，而是一次障礙衍生出不適應狀態的二次障礙（罹患憂鬱症或對他人施暴）。

換句話說，學習障礙、輕度智能障礙、臨界智能障礙的兒童原本就不會上醫院。因此醫生也缺乏診斷此類兒童的經驗，不清楚他們的特性與應對方式，診斷結果往往是「沒有任何醫學上的問題」或是「再觀察看看」。

帶著子女前來就醫的家長往往懷抱熱烈期待，認為醫生一定能找出問題，提出解決辦法。當醫師表示「沒有任何醫學上的問題」或是「再觀察看看」，校方也不知道該如何應對，徒然耽擱解決問題的時間。

那麼，倘若尋找心理師協助又是如何呢？長期在學校負責諮詢、熟悉學童發展狀況的心理師，應當能提出恰當的意見與指導方針吧？

然而心理師是心理專家，並非教育專家。儘管能藉由諮詢應對輕度的情緒障礙、自閉症光譜障礙、注意力不足過動症、拒絕上學、霸凌、青春期的各類問題，對於學習的問題卻缺乏具體的了解，難以提出實用的方針。心理師的專業足以判定發展程度，施測智力測驗來確認病童的工作記憶能力不全，並告知監護人與教師測驗的結果。即使如此，教師接收到這些訊息，卻並不清楚究竟該如何應對。聽完心理師檢查後的意見，並不代表教師能提出具體合適的教育方式，解決兒童的問題。

12 派醋甲酯（Methylphenidate, MPH）：常見藥物為「利他能」（Ritalin）。

為何不能單憑智力測驗分類？

家長因為子女出問題而前來就醫或諮詢發展情況時，部分醫生會對兒童施測魏氏兒童智力量表（小學生以上使用）。魏氏兒童智力量表的結果一般稱為智商指數（IQ），平均是一百。指數由四種要素組成——語文理解（VCI）、知覺推理（PRI）、工作記憶（WMI）、處理速度（PSI），每種要素又分為二到三個分測驗，總計為十個分測驗。

假設兒童接受魏氏兒童智力量表的測驗結果是九十八，相當接近平均，看來似乎沒有問題，然而需要援助的兒童往往分測驗成績好壞參差。例如：調查語文能力的「詞彙」成績或調查是否了解社會規範的「理解」成績特別差，其他項目則是優秀或是接近平均，由此可推斷語文理解能力與聽知覺功能較差。其他常見例子還包括：輔助心算等需要暫時記憶的「工作記憶」分數尤其低等等。像這樣，智力測驗能有效發現問題兒童的課題，提供相關人士援助的方向。

智商九十以上，十項分測驗的分數也十分平均的兒童則判定為「智力正常」。明明課業或行為明顯有問題，卻認定為智力正常，教師與家長都無法接受判定結果。

其實，魏氏兒童智力量表只能測驗學童的部分能力。正確來說，只是透過十個分測驗測量兒童的智力。相信考過的人都知道該測驗不過是在限定時間內回答大量問題，既不考臨摹圖形所需的重現能力與描繪能力，更沒有檢查頭腦靈活程度的項目。日常生活需要彈性思考、溝通、臨機應變等魏氏兒童智力量表無法檢測的能力。高智商卻思考僵化，低智商卻頭腦靈活等問題與特徵，往往遭到忽略。

個人認為魏氏兒童智力量表是「篩選測驗」，單憑該項測驗無法找出兒童的智力問題。魏氏兒童智力量表等當前的主流智力測驗，對於掌握大概的智力傾向相當實用。但進行智力測驗之後，必須一併調查智力測驗無法發掘的問題點，否則一句「智力正常」只是造就一群接受測驗後反而無法獲得援助的兒童。

「智力正常」所引發的新問題

其實，個案討論會與學會的研究報告經常出現「智力正常」這句話。最誇張的情況是，智商七十以上的個案連分測驗分數也不確認便判斷智力正常。我在個案討論會上遇過許多這種發表。

有些孩子成績惡劣、做事虎頭蛇尾、問題行為層出不窮。倘若接受智力測驗後發現智能障礙，周遭的人或許還能接受其問題行為，認為是智能障礙引發問題，所以需要特別關心與援助。

然而，一旦判定為「智力正常」，所有問題行為都會視為「只是在偷懶」「個性有問題」「家長沒教好」，導致校方更加嚴格指導學童或責備家長，進而引發兒童罹患憂鬱症，甚至誤診為人格異常。

這番話不是要批評其他相關人士和機構，我過往也犯過一樣的錯誤。當我還在醫院任職，曾在青春期門診診斷一名由監護人帶來的女高中生。

這位女高中生經常拒絕上學、對家人施暴、自殘、夜晚在外遊蕩徘徊，屢屢出現偏差行為，更曾因對家人動粗、服藥過量而住院，也與我面談過好幾次。她當下看似聽得懂面談的內容，卻還是重複相同的偏差行為。由於智商在七十以上，我認為是人格異常造成行為偏差，而非智能障礙。於是，我和護理師合作，要求她遵守嚴格的規定；也曾懷疑監護人的言行，向兒童諮詢所[13]通報疑似虐待。

現在回想起來，她之所以出現偏差行為可能是出於智能障礙，需要的是接受特殊教育與相關社福援助。單純參考智力測驗的結果，判定「沒有智能障礙」是我思慮不周，害她服用不必要的藥物與住院。

13 兒童諮詢所：地方政府的兒童福利諮詢機構。

學不會社交技巧的理由

閱讀心理師等專家針對需要援助的兒童所寫的報告，通常會看到這樣的論述：「社交課題有待克服，需要透過社交技巧訓練來學習。」而少年鑑別所對於少年所記錄的報告內容，也如同上述。基本上，大部分社交技巧優秀的兒童，不會列入需要援助的案例。因此，針對需要援助的孩童與非行少年的下一個重要課題，自然是「如何教導社交技巧」。

一般而言，教導社交技巧的常見做法是，實行基於認知行為治療的社交技巧訓練。這種社交技巧訓練適用範圍廣泛，效果卓越，內容具體實用，使用恰當確實能提升孩童的社交技巧。

然而正如〈前言〉所提到的，問題就出自於，這套訓練辦法是以認知行為治療為基礎，使用前提是「受訓者的認知功能沒有嚴重問題」。認知行為治療的目的是，透過改變偏差的「想法」，進而促使不當行為轉變成適當行為。然而，改變「想法」，代表受訓者必須具備一定程度的「思考能力」，這樣的前提是，聽知覺功能、語言能力、視知覺功能、想像力、判斷力等能力正常。而這些能力正是所謂的認知功能。

反之，倘若受訓者的認知功能有任何問題，即使接受認知行為治療相關訓練，也無法正確理解與判斷其內容，因此看不出訓練是否有效。儘管如此，目前的矯正教育與學校教育卻經常實行徒具形式的社交技巧訓練，絲毫未曾考慮該訓練是否適合受訓者的能力。

司法所缺乏的要素

少年鑑別所屬於司法機關。法務省的官方網頁說明如下：

「少年鑑別所隸屬法務省管轄，其業務內容如下：（一）配合家事法庭要求，鑑別法庭要求鑑別之對象；（二）針對根據命令而接受觀護、收容於少年鑑別所者等人，執行包含輔導培育健全身心等援助的觀護處置；（三）協助所在地區防治非行與犯罪。」

關於鑑別的說明則是：

「基於醫學、心理學、教育學、社會學等專業知識與技術，釐清造成鑑別對象出現偏差行為的資質與環境問題等原因，提出改善原因的適當方針。」

由此可知，少年鑑別所執行的業務主要是「釐清造成鑑別對象出現偏差行為的資質與環境問題等原因」，也就是調查非行原因與釐清問題點，並且進一步「提出改善原因的適當方針」，代表實際業務不是直接指導少年，重點在於提出指導少年的方針。

少年鑑別所的鑑別報告與少年一同送來少年院。幾乎所有少年的鑑別結果都是低自尊、不擅控制情緒、缺乏社交技巧、欠缺基本學力等等。針對鑑別結果的建議則多半抽象籠統，毫無改善現況的具體線索，例如這樣的敘述：累積成功經驗，建立自信心；藉由社交技巧訓練提升社交能力；培養基本學力。其實少年院的教官不太詳讀少年鑑別所的意見報告，因為對於眼前的少年根本派不上用場。犯罪心理學也是一樣，詳盡分析說明少年為何犯案，卻缺乏防治的具體方案。

醫學領域中與司法相關的是司法精神醫學，由司法與精神醫學的角度研究犯罪的精神障礙者，主要業務為司法精神鑑定、基於《醫療觀察法》鑑定心神喪失者，以及矯正醫療。精神鑑定包含責任能力等精神狀態，鑑定對象多半為罹患思覺失調症等精神障礙或智能障礙的加害人。近年來，鑑定範圍擴大至發展障礙的加害人。但精神鑑定的主要目的是釐清犯罪目的、責任歸屬，與如何防範等具體可行的援助辦法近乎毫無關聯。

畢竟司法的目的在於釐清犯罪理由與犯罪時的精神狀態。發生重大少年案件時，社會大眾的矚目焦點也是「為何發生」等理由。簡而言之，無論是司法或是醫療學者現階段的功能都僅止於「評論」，缺乏「如何防治」等角度的意見。

不適合套用歐美的做法

性方面的偏差行為不僅是少年矯正機構，也是各階段學校教育所面臨的課題。面對進入醫療少年院的發展障礙與智能障礙少年性侵犯，最困難的是預防再犯的教育。

性慾是人類的三大慾望之一，不可能完全抹滅。性行為是創造宇宙繼起之生命所不可或缺的要素，同時具備個人的隱密特性。吸毒、傷害、殺人等行為本身是犯罪，性行為本身則不是犯罪。判定是否為強姦的關鍵，在於對方同意與否、與當事人的關係，而非性行為本身。正因如此，要讓少年性侵犯明白自己的行為不當更加困難。

性慾本身並非問題，完全沒有性慾反而會導致人類滅亡。重要的是，與適當的對象進行適當的性行為，而非像吸毒般一味禁止。然而「適當」一詞無法明確定義。所以對於發展障礙與智能障礙的少年而言，理解何謂適當，非常困難。醫療少年院與女子少年院中，許多少年無法理解何謂適當，導致性的偏差行為在無意間成為犯罪行為或虞犯。

目前日本的矯正機構執行的療法以歐美的認知行為治療為主，目的是減少關於性的不當思考與行為，加強對於性的適當思考與行動。這套療法要求患者「思考」各類關於性的問題，但正如前述，發展障礙與智能障礙的少年原本就不擅長思考何謂適當，因此並不適合使用此套療法。

另一方面，歐美與日本畢竟文化不同，許多做法套用在日本少年身上往往出現不適應的情況。

矯正局曾經制訂一套針對成人性侵犯的課程，配合矯正對象分為三種課程，分別是高密度（八個月）、中密度（六個月）、低密度（三個月），內容分為團體與個人。經過驗證，受講者的再犯率低於未受講者。

這套課程彙整歐美各類認知行為治療的手法，編得非常好。可惜的是，針對智能障礙者的版本，對於少年院裡發展障礙與智能障礙的少年性侵犯來說還是太難，使用不便，因此改用我個人編纂的課程（宮口幸治、川上千尋《針對性偏差行為的兒童而編的教材——了解與援助發展障礙與智能障礙兒童與青少年》〔明石書局〕）。

其實，性以外的治療方式也是一樣。我過往任職的少年院在矯正局主導下引進與執行歐美的最新療法。這些療法雖然在部分少年身上出現療效，卻也造成部分少年精神狀態失常，不得不增加藥量。就算少年向教官抗議，表示不願繼續治療，認真的教官接到高層命令也只能忍著心痛持續執行，導致雙方都痛苦。

其實不僅是矯正機構，日本國內處處可見引進歐美的新心理療法並加以嘗試的設施。許多療法的確效果卓越，部分卻明顯不符合日本的文化與價值觀，引進前必須審慎考慮。

第7章

ではどうすれば？1日5分で日本を変える

究竟該如何解決？——1天5分鐘就能改變日本社會

在非行少年身上學到真正的兒童教育

少年犯一般會在少年院待上一年。剛來的時候，幾乎所有人都一身問題：傲慢無禮、過於親密、過度坦率、描述罪行彷彿不干己事、不滿判決結果是送進少年院而惱羞成怒等等。

部分少年在進入少年院後的第八個月會開始出現大幅轉變，懂得如何客觀分析自己犯罪時的言行，深感當初愚笨無知，表示：「剛到少年鑑別所或少年院，我只是裝出反省的樣子，現在我打從心底覺得一定要趁這個機會徹底改頭換面。」問題當然不會因此就全面解決，然而了解「為何下定決心改變的契機」或許能帶給學校教育一絲線索。這群少年的心聲彙整如下，文中提到的「老師」是負責教導管理他們的法務教官。

懂得感謝和了解家人的辛苦

「我做了好多滔天大罪，但家人每個月都來會面，從未放棄我。父母默默工作，一肩挑起數百萬圓的賠償金，我決定再也不要做出對不起他們的事了。」

懂得站在被害人的角度思考

「讀了被害人的手記，想到如果自己的家人是被害人，我一定會想痛毆犯人一頓，開始覺得自己犯下的罪行很可怕。」

立定將來的目標

「以前什麼事都做不好，現在找到未來的目標，想要努力考取證照。」

遇到值得信任的對象

「老師雖然很嚴格，但是願意聽我說話，認真替我思考未來，給我現在所需要的建議。」

有自信與他人對話

「以前在外面很怕跟別人說話，來到這裡之後開始懂得好好拜託、道謝、道歉，也慢慢有自信跟人開口了。」

獲得學業上的成就感

「以前我都看不懂國字，來到這裡之後國字檢定的成績變好，也讀得懂報紙，希望學會更多知識。」

身負重責大任

「以前老是挨學校老師罵，覺得師長都很討厭我。來到少年院之後教官反而交付我困難的工作，我才發現原來老師很信任我，不想辜負老師的期望。」

學會集中精神

「以前注意力不集中，無心念書，別人都說因為我生病了。來到這裡之後學會集中精神，覺得念書變得很有趣。」

決定不再半途而廢

「以前我做事都虎頭蛇尾，沒有一件事情是做完的。老師告訴我不能半途而廢，後來我終於從頭到尾完成一件事，發現自己其實做得到，開始變得有自信。」

藉由團體生活發現自我

「看到其他被老師指責的學生，想到自己以前也是那副德性，終於明白過去為什麼挨罵。」

共通點是「發現自我」與「提升自我評價」

上述的心聲大致上分為二種：一是「發現自我」，二是「提升自我評價」。改善偏差行為的第一步是正確評價自己。發現自己做壞事，並自我察覺，內心經歷重重糾葛，才能促進行動發生變化。學會正確評價自己，才會發現「我做了壞事」「我又做壞事了，我怎麼這麼壞？」進而察覺與反省，開始認為「不能一直這樣下去」「想好好做人」。少年在理想與現實之間動搖，在心中訂定「正確規範」，從今而後努力貼近理想的自我形象。抵達這一步的前提是，懂得正確評估自己，也就是了解「自己究竟是什麼樣的人」。

少年院強迫所有少年過團體生活，矯正教育促使他們把注意力放在自己身上。這群少年原本生活得隨心所欲，從未反省檢討，出了事就怪到別人身上。來到少年院才被迫回顧過去的生活造成眾人多少困擾，同時獲得多少幫助。

把注意力轉到自己身上，進而察覺與反省是「自我知覺理論」（Self-Perception Theory, SPT）的做法。把注意力放在自己身上，就會強烈關心自己最在意的事情。當對照自己制訂的正確規範，發現最在意的事情不符規範時會產生不悅的情緒，而嘗試降低不悅情緒的想法便成為改善行為的動機。

例如：少年想要順手牽羊。下手的同時想到自己，注意力也會轉移到順手牽羊這項行為上。倘若少年的自我規範認為「順手牽羊是壞事」，自然會產生不悅的情緒，成為放棄順手牽羊的動機。

把注意力轉回自己身上的做法有照鏡子、聆聽自己的聲音、留意他人的眼光等等。札幌地下鐵月臺曾經發生多起跳軌自殺事件，報導指出自從裝了鏡子之後，自殺人數減少許多。雖然我不曾調查過鏡子與自殺的直接關係，不過這種現象其實有道理可循：看到鏡子裡的自己，促使注意力回到自己身上，回想起「不應該自殺」的自我規範，因而放棄自殺的念頭。

倘若這項理論正確，老師提醒學生「我隨時注意著你」應該也有效。小型團體中，光是成員密切觀察彼此就能產生明顯效果，這也是在學校分組合作的重要優點。比起大人與兒童一對一相處，同齡兒童的提醒更為有效，因此小組活動不可或缺。當然，大人平日注意自身言行，當兒童的好榜樣更是重要。

營造自我改變的動機，首先是把注意力轉回自己身上，學會反省與檢討。方才提到的少年們，下定決心改變的共通點，都是至今在社會上遇過無數挫折、喪失自信，來到少年院後在團體生活中透過人際關係「發現自我」，同時經由各種體驗與教育「提升自我評價」。發現自我的關鍵在於少年本人開始發現，而非身邊的大人強迫提醒。因此少年院的教官職責在於創造各種促使少年發現自我的機會。

學校教育也是一樣。一位長年從事矯正教育的相關人士表示：**「孩子心房的門把裝在門的內側。」**聽到這句話，我點頭如搗蒜。打開孩子心房的最大關鍵是突然醒悟的經驗，大人的任務是盡量提供促使兒童覺醒的機會，而不是靠說教或斥責強迫對方打開心房。

無心學習的非行少年180度轉變的瞬間

少年院充斥著自我評價低落的少年。無論要他們做什麼，其心態都十分消極，認為「做什麼都沒意義」，甚至打從一開始就不願動手。學業的失敗經驗徹底消磨了他們的幹勁。我在少年院嘗試各式各樣的訓練時，也有好幾名少年意興闌珊。他們都不擅長念書，而且認知功能不全，因此將他們編入藉由訓練提升認知功能的小組。

一開始的訓練方式是我站在講臺上指導少年，卻絲毫不見成效。有的少年故意望向窗外看風景，完全無視於我的存在。當我點該名少年起來回答問題時，他大方承認：「不好意思，我剛剛都在看風景，完全沒在聽課。」有的少年則是阻撓訓練課程，用全班都聽得到的音量自言自語：「練習也沒用，一點意義都沒有，我不想上了！」

這種訓練有助於提升腦力，我本來以為這群少年一定會積極參與，結果卻出乎我意料。部分少年雖然認真學習，卻因為其他少年阻撓課堂氣氛而逐漸散漫。就算我繼續認真教學，原本有心上課的少年也漸漸喪失學習慾望：

「這些訓練真的有意義嗎？」

他們原本就不喜歡上課，在校時從來沒有認真聽課過，所以連我都開始覺得：「果然訓練他們也沒有意義。」我愈來愈無心教學，最後終於放棄教學與出題，改為要求那些老是抱怨的少年站上講臺，體驗一下我的辛苦。

沒想到無視我的少年們居然開始爭先恐後要求當老師，在講臺上開心地出題，或得意洋洋地教導其他學生正確答案。在講臺下聽課的少年們也專心投入，我想是因為他們覺得回答不出程度相同的少年所出的問題是一件丟臉的事，或者不希望輪到自己站上臺時遭人無視。總之，自從改成由少年來指導之後，大家都認真參與訓練，生氣勃勃。

訓練課程逐漸成為大家期待的時間，所有人的心態也出現一百八十度的轉變，甚至主動問我：

「今天就上到這裡嗎？再練一下吧！」

「下次上課是什麼時候？」

學生的程度大幅提升，我也因此發現，**不能抱持「教學生」的心態面對少年。**

這群從以前就經常遭人瞧不起，被人說「連這都不懂嗎？」的少年，心中其實也十分渴望：

・教教看別人。

・受到信賴。

・獲得肯定。

同時，這些行為能促使少年提升自我評價。不僅是少年院裡的少年，校園中也有許多認為自己什麼都做不來、缺乏幹勁的兒童。然而他們或許也想出題考考別人或指導大家。要馬上讓這些原本表現不佳的學生擔任小老師可能有些困難，但是賦予他們擔任對眾人有所助益的工作，能促進提升自我評價，進而湧起念書的意欲。

從「社會」「學習」「身體」3方面協助兒童

本節開始會介紹該如何具體協助陷入困境的兒童。

第六章提到，這些兒童需要社會、學習、身體共三方面的援助。除了對於其家人的援助，這三大援助應該能涵蓋兒童本人所需的一切。如同上一章所言，目前的學校教育以國語和算術等學科教育為主，我卻認為培養社會性才是教育的最終目的。

忽略光會念書卻缺乏社會性的兒童，可能再度發生類似第二章提到的佐世保女高中生殺人事件，或名古屋大學女學生殺人事件[14]。這些孩子雖然智商高、成績

14　名古屋大學女學生殺人事件：二〇一四年，一名以全校成績第一名進入名古屋大學的十九歲女大學生，於家中殺死一位傳教的七十七歲老婦人，偵訊時供稱：「我從小就想殺人看看。」

好，卻缺乏設想做錯事會導致何種結果的執行功能。執行功能是制訂計畫後執行，錯誤時回饋與修正的能力。執行功能不全，容易做出錯誤的選擇。

控制情感的能力薄弱也容易做出錯誤的判斷。就連成年人盛怒之下都會犯錯了，更遑論兒童。因此不僅是課業，解決問題與控制情緒等社會化的能力相當重要。可惜的是，現在的學校教育並未有系統地教導學童社會化的能力。

這番話並不代表我認為無須重視課業。會念書當然是好事，畢竟課業的挫折感可能引發偏差行為，因此必須培養視知覺功能、聽知覺功能、想像力等學習所需的基礎。

身體的援助也不可或缺。動作笨拙一望即知。動作不協調可能造成學童喪失自信、遭到霸凌。

由此可知，必須由社會、學習、身體共三個方面來了解兒童與提供協助。

著眼於認知功能的新型治療教育

第三章說明了認知功能的重要性。認知功能不全容易導致學習挫折，本節要介紹提升認知功能的治療教育，協助兒童學習。

近年來認知功能之於學校教育的必要性逐漸普及，醫師針對問題兒童施測心理發展測驗，告知導師魏氏兒童智力量表等智力測驗的結果。我也曾經在某市的發展援助中心負責兒童的發展諮詢，諮詢前由心理師取得兒童的魏氏兒童智力量表等測驗結果。

以下的例子是一位由母親帶來諮詢的小學三年級男生。

諮詢案例

・學不會國字和算術，學會了也馬上忘記。
・算術不會進位。
・不會抄板書。
・無法閱讀詞彙。

魏氏兒童智力量表的結果表示整體智商並無問題，但組成智商的四種要素（語文理解、知覺推理、工作記憶、處理速度）中，工作記憶的分數僅七十多。工作記憶是腦中暫時保存資訊的功能，也就是「腦中的便箋」。該名兒童的問題恐怕就是出在工作記憶功能不全。

儘管透過魏氏兒童智力量表的結果發現原因，告知學校老師問題出在工作記憶功能不全，然而老師究竟該如何具體協助學童呢？單憑直覺難以理解工作記憶功能與諮詢內容有何關聯，校方不明白該如何提升包含工作記憶等認知功能，更不易取得完整的時間來訓練。

獲得學習的基礎——「認知功能強化訓練」

提升工作記憶等認知功能的有效方法是**「認知功能強化訓練」（Cognitive Training, COG-TR）**。這套訓練是我在醫療少年院花了五年的時間開發的結果，已經出現一定的效果。

認知功能由記憶、語言理解、注意力、知覺、推論與判斷共五項要素所組成。

認知功能強化訓練針對這五項要素，分為五個項目：

①臨摹

②記憶

③尋找

④ 想像

⑤ 數數

教材是練習表單，學員僅需準備紙和鉛筆。

典型的訓練內容與概要如下（教材內容請參考我的另一本著作《強化觀察、聆聽、想像的認知功能強化訓練》〔三輪書局〕）：

① 臨摹：「連連看」[15]

看著連起來的圖形，在下方空格中畫出一樣的圖形。這項練習是建立基本的視知覺功能。

其他類似的訓練包括「星座轉轉看」和「反向模仿」。前者是旋轉練習表單，畫出範例的星座；後者是畫出範例倒映在水面上的模樣。

②記憶：「開頭與拍手」

出題者唸出三個句子，受訓者記憶每個句子的第一個詞彙，同時聽到動物名稱時必須拍手。

範例：**猴子**家有個大花瓶。

急急忙忙想鑽進大花瓶裡的是貓咪。

伸出腳想把花瓶踢破的是小狗。

答案：猴子、急急忙忙、伸出

畫線處：聽到「猴子」「貓咪」「小狗」時必須拍手

有些學生會在老師授課時惡作劇，導致部分學童因此分心而忽略授課內容。這項訓練是鍛鍊專心聆聽老師說話的能力。其實我在某所國中調查「開頭與拍手」和國文、數學段考成績的關聯，發現二者關係緊密。換句話說，成績優秀的兒童

15 如第六章的例子（一七四頁）。

在「開頭與拍手」訓練表現優良，成績低落的兒童則表現不佳。這項結果帶給課業輔導相當大的啟示。

其他類似的訓練還有：以三到五個單詞為一組，唸出三組，要求受訓生記憶最後一個單詞，同時聽到動物名稱必須拍手；唸出內容包括大小、輕重、遠近等比較的文章，要求受訓生回答「何者為最」。這些訓練的目的是鍛鍊聽知覺的工作記憶。

除此之外，鍛鍊視知覺的工作記憶還有另一項訓練「〇〇在哪裡？」這項訓練是，在十六宮格裡畫上二到三個圈，依序拿出三張，受訓生依照出示順序在答案紙上記錄圓圈的位置。

③尋找：「哪一幅畫一樣？」

要求受訓生在好幾幅畫中尋找相同的二幅畫。

其他類似的訓練還包括：從多個點中尋找排列成正三角形的「尋找形狀」[16]和尋

找特定圖形輪廓的「塗黑圖形」。

④想像：「在心中旋轉」

看著圖形正面，想像右側、背後、左側的模樣。這項訓練的目的是練習如何站在他人的立場思考，促進受訓生了解他人的心情。

其他類似的訓練還有：想像蓋章後紙上呈現何種圖案的「玩蓋章」和排列多張圖畫來編故事的「故事創作」。

16 如第六章的例子（一七四頁）。

⑤數數：「尋找記號」

例如：多種水果的符號橫向排列成數列，受訓者一邊數有幾個蘋果的記號，一邊盡速打勾，但蘋果左側出現特定的水果記號（橘子或哈密瓜）時，不予計算。這項練習的目的是學習如何抑制衝動。如同第二章所述，這項訓練可以為不擅長控制衝動的兒童培養抑制控制（inhibitory control）[17]的能力。可增減特定的水果記號以調整難易度。剛開始連五分鐘都數不完的孩子，一星期練一組（一組為十次），最後進步到只要二十秒就能完成，建立起控制衝動的能力。

第二章介紹的「想嘗嘗殺人滋味」的少年也做了相同的練習。原本少年院的教官長期施以感化教育，也無法促進這名少年「了解被害人的心情」「重視生命的意義」「明白再度犯錯的下場」。於是我要求他每天做「尋找記號」的訓練，目的並非消弭想殺人的慾望，而是克制想殺人的衝動。這是唯一控制殺人衝動的訓練方法了。當然，單憑「尋找記號」的訓練並不能完全解決問題，然而這群少年需要的正是既有的感化教育再搭配鍛鍊認知功能的強化訓練。

17 抑制控制（inhibitory control）：追求目標時抑制對無關事物的反應。

不會傷害兒童心靈的訓練

我所提出的這套認知功能強化訓練，有時候會與預防失智的健腦訓練混為一談。其實二者並不一樣。

大家可以這麼理解：認知功能強化訓練就如國字、算術等練習一樣，對於兒童來說是學習的一環，並不是健腦訓練。記憶國字需要分辨形狀的能力；算術則需要了解數字並不是單純的記號，而是代表數量。缺乏任一項能力，便無法記憶國字和算術，而認知功能強化訓練的目的正是培養這些能力。換句話說，學童做國字與算術練習的同時，也鍛鍊學力基礎的認知功能。

另外，回答不出國字或算術問題，會讓許多兒童認為自己「不會念書」，因此心靈受傷。然而，認知功能強化訓練則多是類似找錯等拼圖或遊戲，接受訓練的當下，並不會覺得自己是在「學習」，因此多半的學童都能樂在其中。我至今還沒聽過有孩子因為無法完成練習表單的課題而氣餒。倘若學童因為做不來而心生厭惡，表示需要調整練習的難易度。

綜上所述，認知功能強化訓練的特徵是，藉由遊戲的方式強化學童的認知功能，以此培養學習所需的基本能力，如此一來，學童便能在不知不覺中建立好學習的基礎，課業表現也能進而獲得改善。

每天早自習花上5分鐘就好

目前日本學校的教程受到課程綱要徹底規範，教師難以利用完整的時間進行有系統的訓練。

另一方面，一般的學校教育無法應付因為認知功能不全而學習受挫的兒童，也是不爭的事實。站在第一線的教師經常詢問我：究竟要如何在日常的課程中加入認知功能強化訓練？

我當然不會建議大家無視規定的教程，而是利用早自習或是放學前的五分鐘。只要撥得出五分鐘便能練習五題「開頭與拍手」。一星期練習四次，一年上課週數共三十二週[18]（以日本的第一學期與第二學期各十二週，第三學期為八週計算），所以一共可練習一百二十八次。換算成分鐘是六百四十分鐘，約十小時。

不用花錢也做得到

需要教具的訓練總是得花錢，其實原本該丟棄的寶特瓶、舊報紙、棉花棒都能用來當教具。

圖7－1是「情緒的寶特瓶」訓練，目的是促進學童社會化。寶特瓶是練習表達情緒時，說明需要表達情緒的理由。

五百毫升的寶特瓶上貼了寫著各種情緒的標籤並裝水。「憤怒」的寶特瓶為二公升，並裝滿了水，因為「憤怒」這項情緒最難應付，是各類麻煩的根源；代表「快樂」的寶特瓶則不裝水。接下來準備一個大袋子，把這些寶特瓶都放進去。兒童拿起袋子會發現非常沉重，藉此以身體感受**「原來不表達情緒，壓抑在心裡是**

18　臺灣國中小的上課週數共四十週。

圖7-1　情緒的寶特瓶

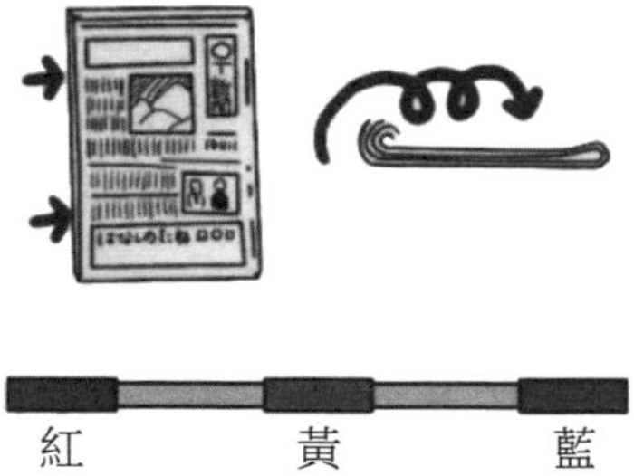

圖7-2　認知功能強化訓練棒

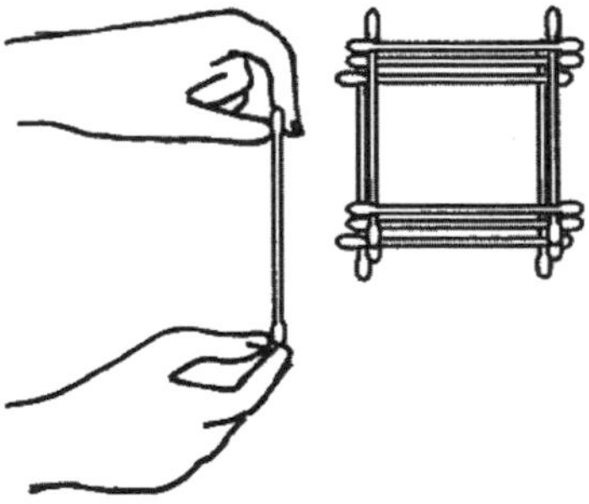

圖7-3　疊棉花棒

出處：宮口幸治《一天五分鐘！教室裡也能進行認知功能強化訓練》
（東洋館出版社）

如此痛苦」。下一步是把寶特瓶一瓶一瓶拿出來，兒童會發現袋子愈來愈輕。這項訓練的目的是以身體感受**「表達情緒能讓心情放鬆」**的重要性，其中又以拿出「憤怒」的寶特瓶後最為輕鬆。這是因為累積怒氣的後果最麻煩。

倘若表達「憤怒」時，把寶特瓶丟到對方身上又會出現什麼樣的結果呢？造成他人受傷是犯罪行為，所以表達怒意時必須輕輕地把寶特瓶交給老師或父母。透過這項訓練了解表達情緒時，表達方式也很重要。寶特瓶在飲料喝完後不過是垃圾，不需要另外花錢購買，這項訓練的教具幾乎是零成本。

圖7－2是「認知功能強化訓練棒」，用來改善動作協調性。用十張報紙做成棒子，二端和正中間用布紋膠帶固定。對於各類運動都能有所助益。

圖7－3則是使用棉花棒訓練手指精細動作的「疊棉花棒」。二人一組，限時九十秒，把棉花棒疊成井字形的塔，最高者獲勝。棉花棒塔疊太高會倒塌，所以注意時間的同時必須抑制想要疊更高的衝動與觀察其他隊伍的狀況（關於動作協調性的訓練請參考：宮口幸治、宮口英樹《針對動作笨拙兒童的認知功能強化訓練》〔三輪書店〕）。

腦功能與犯罪的關係

認知功能強化訓練還能降低犯罪率。重大罪犯除了成長史或性格有問題之外，部分原因是腦部功能障礙。

例如：二〇〇一年發生的大阪教育大學附屬池田小學事件，犯人宅間守最後判處死刑。精神鑑定時使用核磁共振成像（MRI）檢查，發現犯人宅間守的中腦左外側有五乘以十公厘大的星狀細胞瘤，威斯康辛卡片分類測驗（Wisconsin Card Sorting Test, WCST）與單光子放射電腦斷層掃描（Single-Photon Emission Computed Tomography, SPECT）等其他檢查也顯示額葉功能不全。鑑定發現額葉中「根據環境改變策畫行為」的執行功能可能有障礙，同時指出「額葉可能有某種障礙，期待今後的精神醫學研究發現額葉與人格或精神症狀之間的關聯」。

另一個案例是：一九六六年，美國德州大學發生一起從塔樓亂槍掃射的校園槍擊事件，造成十七人死亡與三十二人受傷，死傷慘重。犯人查爾斯・惠特曼（Charles Whitman）當時二十五歲，事發前一天打了一封信。信中表示他受到恐懼與施暴的衝動折磨，承受劇烈頭痛，希望死後能解剖調查是否罹患特殊疾病。法醫解剖之後發現，他的腦部深處有一個核桃大小的惡性腫瘤，可能就是這個惡性腫瘤導致無法抑制施暴的衝動。

儘管目前學者之間的意見不一，此一事件仍舊暗示腦部腫瘤可能造成衝動的暴力行為。那麼宅間守的腦部也有腫瘤一事，只是單純的偶然嗎？

腦功能不全，尤其是額葉功能不全與反社會行動有關聯的知名例子，就是鐵路工程工頭費尼斯・蓋吉（Phineas Gage，當時二十五歲）。蓋吉在一八四八年九月因為爆炸意外而遭到飛來的鐵棍貫穿額葉。幸運的是儘管一顆眼球受傷依舊順利康復，之後又活了十二年。然而原本工作勤勉、受到眾人愛戴的他，此後個性丕變，變得任性妄為、傲慢無禮，有時甚至爆粗口，對待同事輕蔑跋扈。不僅如此，他還變得異常頑固，無法克制慾望，更無法測定未來的計畫。親朋好友都表示：「他已經不是原本的蓋吉了。」神經科學家安東尼歐．達馬吉歐（Antonio Damasio）等人比對蓋吉的頭蓋骨與一般人的腦部核磁共振成像的影像，發現前額葉皮質左右側受損可能導致人類無法做出合理決定，並影響處理情感的過程。

美國喬治城大學（Georgetown University）醫學院教授強納森．平卡斯（Jonathan Pincus）曾與約一百五十名殺人犯面談，在其著作《大腦殺人：連環殺人犯額葉的祕密》（*Base Instincts: What Makes Killers Kill?*）舉出許多殺人犯疑似神經受損的具體例子，他檢查殺人犯時也發現額葉神經疑似受損的痕跡。他提出警告，儘管腦功能障礙（尤其是額葉）不能直接與犯罪劃上等號，**「腦部神經受損」「曾經受虐」「罹患精神疾病」三大要素齊備的人，犯罪風險極高。**

另外，美國學者艾德里安．雷恩（Adrian Raine）等人針對殺人犯進行正子斷層掃描（Positron Emission Tomography, PET；和單光子放射電腦斷層掃描一樣都是腦部血流斷層掃描），發現殺人犯的額葉功能不全（尤其是前額葉與旁邊的上頂回、左緣上回、胼胝體），杏仁核、視丘、內側顳葉處也發現左腦功能不全。在美國，這些腦功能異常極可能成為判斷行為能力的依據。

回到日本的例子。精神科醫師福島章，針對四十八名殺人犯進行精神鑑定時所做的腦部核磁共振成像與電腦斷層掃描的影像，彙整診斷結果，發現其中二十四人確定腦部有功能性或數目性異常；若將範圍縮小到被害人為二人以上的連環殺人犯，異常的比例更是高達六二％。

我曾經為殺人或強盜傷害事件的犯人進行司法精神鑑定，其中一個案例進行電腦斷層掃描時發現前額葉皮質明顯萎縮，腦波檢查也發現額葉異常。這個犯人最後因為智能障礙、固著行為（Perseveration）、去抑制（Disinhibition）等腦功能障礙而認定心神喪失，根據《醫療觀察法》處理，免除其刑事責任。

目前日本法庭還不常見爭論焦點是腦功能障礙的事件。凡是重大事件自然必須謹慎討論，就算犯人的腦功能異常也一樣。此類事件代表矯正機構應當提供針對腦功能障礙的認知功能強化訓練，也是降低再犯率的重要手段。

治療性侵犯的認知功能強化訓練

專家學者提出許多關於性侵犯的腦部功能與認知功能的研究結果，卻尚未出現統一的見解。

部分研究指出，成年性侵犯左前額葉皮質功能、語言能力、執行能力不全；其他研究發現，年齡、智商、受教年數相同的殺人犯、性侵犯、放火犯群體之間並無顯著差異。少年性侵犯的認知功能相關研究結果也是一樣：部分研究指出，少年性侵犯的工作記憶、專注力、抑制控制等基本的執行功能與流暢度，明顯低於其他非行少年；其他研究報告卻做出二者並無明顯差異的結論。除此之外，部分研究指出，少年性侵犯在四項神經心理學測驗[19]中，路徑描繪測驗（Trail Making Test, TMT）的B部分（需要轉換注意的對象）成績較其他非行少年差；部分研究報告卻顯示二者的智商與神經心理並無顯著差距。

在此介紹一項我們團隊的假說：

我們認為過往的研究之所以結果不一，是因為研究對象的智商條件設定不完全，可能是平均智商過高或是高低不一。因此，我們針對以下對象施測日本版的執行功能缺失量表，檢查執行功能的差異：

① 智能障礙的少年性侵犯

② 智能障礙的其他非行少年

③ 智能健全的少年性侵犯

④ 智能健全的其他非行少年

19 四項神經心理學測驗為：①智力測驗（如魏氏成人智力量表第三版［WAIS-III］）、②語言能力測驗（如標準失語症檢查［Standard Language Test of Aphasia, SLTA］）、③記憶力測驗（如魏氏記憶量表第三版［WMS-III］）、④額葉相關測驗（如威斯康辛卡片分類測驗［WCST］）。

檢查結果發現，①「智能障礙的少年性侵犯」在注意力轉換、處理速度、工作記憶、前瞻性記憶（Prospective Memory）都明顯低於②「智能障礙的其他非行少年」。另一方面，③「智能健全的少年性侵犯」與④「智能健全的其他非行少年」，在這幾處卻看不出明顯差異。

從檢查結果可知以下幾點：

- 僅智商低的少年性侵犯會出現神經心理方面的障礙。
- 假設這些障礙不是腦部特定區塊的障礙，而是多個區塊的障礙（連結不全）。
- 這群智商低的少年年齡還小，神經心理的障礙會隨著智商提升而消失，代表這些障礙可能源自發展遲緩等問題。

換句話說，我們得以假設「某種發展問題導致少年性侵」。

雖然研究對象的智商條件並不一致，卻有多份研究結果證明這項假說。調查發現許多少年性侵犯在童年時遭到虐待（暴力或性侵）或發生交通事故而受傷。這些成長過程或環境影響，可能或多或少造成腦部受損。另外，性侵的種類林林總總（色狼、輪姦、戀童癖、偷竊內衣），因此單純視性侵為發展問題，需要設定更多條件與更進一步調查研究。倘若性侵等犯罪與神經可塑性有關，代表除了既有的以認知行為治療為主的性侵防範治療，還必須同時安排提升處理速度、工作記憶、抑制控制等認知功能強化訓練。

包括受虐兒童的治療

虐待兒童是日本當前嚴重的社會問題。除了早期發現與保護，現在也逐步推行治療受虐兒創傷與援助家庭重整。

受虐兒容易發生二大問題。一是罹患依戀障礙、心理陰影、憂鬱症、人格障礙等「心病」。

另一個問題則是引發暴力、靜不下心、攻擊他人、徘徊遊蕩、離家出走等反社會行為。根據法務總合研究所於二〇〇一年針對全國少年院收容的二千三百名少年所做的調查，結果顯示約半數的少年受過虐待。換句話說，受虐可能促使少年出現偏差行為。

前者的問題由醫療機關主導，進行治療。然而針對後者的問題，則難以著手解決，這是因為原因千絲萬縷：無法相信他人而難以建立正常的人際關係、無法控制情緒等心理問題，以及靜不下心、缺乏注意力、念不下書等認知功能障礙導致自我評價低等等。對於靜不下心與缺乏注意力，醫療機關的解決方式是處方派醋甲酯，但光憑藥物無法打從根本解決問題。有效的治療方式正是前文提及的認知功能強化訓練。

罪犯轉變為納稅人

根據試算，一名受刑人每年包括收容設施的營運費與人事費，約莫耗費三百萬日圓的稅金。這些人的犯罪多半造成他人受害。倘若受刑人更生為健全的納稅人，便能帶來龐大的經濟效益。連同消費稅粗略計算，一名勞工每年平均繳納約一百萬日圓的賦稅，那麼要是受刑人更生為納稅人，一人即可提供高達四百萬日圓的經濟效益。

日本的監獄在二〇一七年年底收容的受刑人人數為五萬六千人，簡而言之，一年損失二千二百四十億日圓。這還不包括賠償被害人的金額，單單財產犯罪的受害金額就高達二千億日圓。倘若加上殺人、傷害、性侵害犯罪，一年的受害金額不會低於五千億日圓。減少罪犯對於提升日本國力的重要性由此可見一斑。

預防方法就是及早發現需要援助的兒童，並且伸出援手，最能提供有效援助的則是學校。畢竟兒童每天都會去上學，在校時間又長。我深切期盼學校今後能提供不同觀點的教育，其內容也能日益充實。

後記

おわりに

不會切蛋糕的犯罪少年

ケーキの切れない非行少年たち

後記

前眾議院議員山本讓司的著作《獄窗記》（新潮文庫）促使我提筆寫下本書，本書也引用了該書的內容。本來應該接受社福援助的障礙人士卻因為走投無路而成為罪犯，進入監獄……山本讓司筆下的受刑人與我任職的醫療少年院所收容的少年多所重疊。

我所面對的是未成年人，這群少年的情況幾乎不為人所知。為了避免他們長大之後成為《獄窗記》所描述的受刑人，我深深體會到必須盡早伸出援手，讓更多人明白現況。

除此之外，我希望眾人認知《逼孩子反省會讓他成為罪犯》（新潮新書，作者是立命館大學教授岡本茂樹）之前，先了解少年院充斥更嚴重的問題——許多少年

「連反省都不懂」。其實岡本茂樹教授過世後，我因為偶然的機緣而前往立命館大學任教。這也許是上天要我承接岡本教授的使命，繼續他的教學。

正當我在立命館大學從事教學工作，透過NHK紀錄片《障礙＋α　自閉症光譜障礙與少年事件之間》（二〇一六年五月十五日播放）的採訪而認識節目製作人田淵俊彥先生，他出版了《發展障礙與少年犯罪》（新潮新書）。我讀了之後更覺得必須讓社會大眾了解我在少年院工作所目睹的情況，於是請田淵先生介紹該書的編輯橫手大輔先生，橫手先生也贊成我的想法。

現在街頭巷尾的書店都設有障礙專區，介紹許多關於發展障礙的書籍。智能障礙的相關書籍卻連留心尋找也不見得發現得了幾本。我並不是想強調何者較為嚴重，然而學校教師並不太注意智能障礙也是事實。許多教師了解發展障礙，卻連智能障礙的定義都不清楚。希望本書能促使智能障礙的成人與兒童獲得協助。

另一方面，我為了援助這些兒童而成立的「日本COG-TR學會」舉辦各類關於認知功能強化訓練的研習，許多學校教師也紛紛參與。有興趣的讀者不妨上網搜尋日本 COG-TR 學會。

最後，我衷心感謝新潮社與編輯部橫手大輔先生贊同我的想法，並且惠賜出版的機會。

二〇一九年六月

宮口幸治

不會切蛋糕的犯罪少年

ケーキの切れない非行少年たち

作者	宮口幸治（Koji Miyaguchi）
譯者	陳令嫻
主編	陳子逸
設計	許紘維
校對	渣渣
發行人	王榮文
出版發行	遠流出版事業股份有限公司
	104 臺北市中山北路一段 11 號 13 樓
	電話／(02) 2571-0297
	傳真／(02) 2571-0197
	劃撥／0189456-1
著作權顧問	蕭雄淋律師
初版一刷	2020 年 10 月 1 日
初版七刷	2023 年 8 月 2 日
定價	新臺幣 320 元
ISBN	978-957-32-8825-1

遠流博識網 www.ylib.com

KĒKI NO KIRENAI HIKŌ SHŌNEN-TACHI

By KOJI MIYAGUCHI

國家圖書館出版品預行編目（CIP）資料

不會切蛋糕的犯罪少年
宮口幸治 著；陳令嫻 譯
初版；臺北市；遠流；2020.10
240 面；14.8 × 21 公分
譯自：ケーキの切れない非行少年たち
ISBN：978-957-32-8825-1（平裝）

1. 矯正教育　2. 青少年犯罪　3. 青少年問題

548.7114　109008586